대한민국의 학부모님께

대한민국의 학부모님께

1판 1쇄 발행 2023. 6. 25.
1판 3쇄 발행 2024. 7. 10.

지은이 이수형

발행인 박강휘
편집 강지혜 디자인 박주희 마케팅 김새로미 홍보 반재서
발행처 김영사
등록 1979년 5월 17일(제406-2003-036호)
주소 경기도 파주시 문발로 197(문발동) 우편번호 10881
전화 마케팅부 031)955-3100, 편집부 031)955-3200 | 팩스 031)955-3111

값은 뒤표지에 있습니다. ISBN 978-89-349-8246-3 13370

홈페이지 www.gimmyoung.com   블로그 blog.naver.com/gybook
인스타그램 instagram.com/gimmyoung   이메일 bestbook@gimmyoung.com

좋은 독자가 좋은 책을 만듭니다.
김영사는 독자 여러분의 의견에 항상 귀 기울이고 있습니다.

대한민국의 학부모님께

자녀의 미래를 위해
부모가 절대 놓치지 말아야 할 것들

이수형 지음

김영사

이준구

서울대학교 경제학부 명예교수

우리 사회의 큰 걱정거리인 출생률의 급격한 하락이 교육과 밀접하게 끈 닿아 있는 현상이라는 데 의심의 여지가 없습니다. 아이 낳고 교육 시키는 일이 이렇도록 어렵다 보니 아이 낳기를 꺼려하는 풍조가 온 사회에 퍼져나간 것 아니겠습니까? 예전에는 하루하루 먹고살기가 큰일이다 보니 자식들 교육에 올인하는 것은 아무래도 힘든 일이었습니다. 그렇기에 교육 문제 때문에 아이를 낳기가 무섭다는 생각을 하는 사람은 그리 많지 않았던 것이지요.

나만 해도 사교육 없이 학교에서 배운 것만으로 중학교, 고등학교, 대학교의 세 관문을 통과해야만 했습니다. 그때는 중학교 입시가 있어 초등학교 6학년 때부터 입시지옥에서 허덕여야 했었지만, 사교육은 부유층 자제들의 전유물이었습니다. 그러니 대부분의 학부모들은 아이들을 학교에 보내는 것만으로 자기 할 일을 다 했다고 생각했습니다. 선행학습을 시킬지 말지 혹은 무슨 사교육을 시켜야 할지 등으로 난리굿을 피우지 않아도 되는 상황이었습니다.

그런데 이제는 겨우 걸음마를 시작한 어린아이를 영어학원에 보내야 할지 말지를 고민해야 하는 세태가 되었습니다. 심지어 아이들 교육은 어떤 산후조리원을 선택하느냐에서부터 시작한다는 말까지 들리고 있습니다. 거기서 맺어진 학부모들의 연대가 나중에 사교육으로까지 이어진다는 데서 그런 말이 나왔다고 하는군요. 약간 과장이 섞인 말이겠지만, 그렇다고 해서 완전한 거짓말도 아닌 것 같습니다.

이런 현상을 일부 부유층이 벌이는 게임으로 치부해버릴 수도 있을지 모릅니다. 그러나 이런 게임에 참여할 처지가 전혀 되지 못하는 가난한 학부모가 이로부터 견디기 어려운 심리적 압박감을 받는다는 사실을 부정하기 힘듭니다. 자기 자식만 뒤처지고 있는 것 같은데, 도대체 어떻게 해야 이 어려움을 극복할 수 있을지 망연자실한 심정이 될 수밖에 없을 테니까요. 주위에서 이런 일이 벌어지고 있는 것을 보는 젊은 부부는 그럴 바에야 아예 아이를 낳지 말자는 결심을 하게 되겠지요.

이 세상 부모는 모두 자기 자식이 나중에 커서 번듯한 직장을 갖고 행복한 가정생활을 할 수 있게 되기를 바랄 겁니다. 그러려면 무엇보다 우선 이름 있는 대학에 들어가야 할 텐데, 문제는 거기로 이르는 길이 너무나도 복잡해 도대체 갈피를 잡기 어렵다는 데 있습니다. 들리는 말로는 아이가 초등학교에 들어가기 전부터 이미 대학입시를 염두에 둔 준비를 해야 한다는데, 어떻게 준비해야 되는지 소상하게 알고 있는 학부모가 과연 몇이나 될까요?

서민 계층에 속하는 학부모들을 제일 답답하게 만드는 일은 바로 이와 같은 정보의 부재라고 봅니다. 우리 사회의 서민 학부모들은 영혼이라도 팔아 돈을 끌어모아 자식 교육에 쓸 용의를 가진 높은 교육열의 소유자들입니다. 교육비 대느라 먹고 입는 것조차 줄이는 학부모들이 한둘이 아닙니다. 그러나 교육에 쓸 돈을 간신히 마련했다 해도 어디에 어떻게 써야 할지를 모른다면 답답하기는 마찬가지일 것 아니겠습니까?

솔직히 말씀드려 내 아이들 키울 때만 해도 자식 교육이 그렇게 복잡하고 어려운 일이라는 생각은 하지 않았습니다. 선행학습을 시킨 적도 없고 사교육도 거의 시키지 않았습니다. 되돌아 생각해보면 내가 무척 무책임한 학부모였지 않았나라는 느낌까지 들지만, 그 당시에는 대부분의 학부모들이 나와 비슷했으리라고 짐작합니다. 그런데 몇십 년의 세월이 흐르면서 이제 상황은 완전히 바뀌었고 정보가 없으면 대학에 이르는 길고 복잡한 길을 헤쳐 가기 어려운 상황이 되었습니다.

이 책은 우리 사회의 학부모들이 안고 있는 바로 이 정보 부재의 문제를 해결하는 데 도움을 준다는 데 주안점을 두고 있습니다. 《대한민국의 학부모님께》라는 책 제목은 자식의 교육 문제로 애를 태우고 있는 학부모들에 대한 연대의 느낌을 물씬 풍기고 있습니다. 우리 모두가 머리를 맞대고 이 어려운 문제를 어떻게 풀어나가야 할지 함께 고민해보자는 저자의 외침에 강한 공감을 느낍니다. 이 책 하나로 완전한 해법을 찾을 수는 없겠지만, 어떻게 하면 해법에 이를 수 있는지에 대한 시사점은 충분히 얻을 수 있으리라고 믿습니다.

저자는 이제 우리 사회에서 자녀 교육의 패러다임이 바뀌어야 한다는 주장으로 이 책을 시작하고 있습니다. 사람들은 대학입시가 마치 최종목표라도 되는 것처럼 이에 올인하고 있지만, 실제로는 직업의 선택이 최종목표가 되어야 한다고 말합니다. 그리고 자녀가 성인이 된 이후 맞게 될 사회경제적 환경을 미리 전망하고 미리 대비해 두어야 한다는 점을 강조합니다. 국내외적으로 일자리 지형이 빠르게 변화하고 있기 때문에 이에 맞춰 준비를 해두어야 사회에서 성공을 거둘 수 있다는 것입니다.

성공한 삶을 위해 이제부터 무엇을 준비할 것인가를 설명하는 제3부에서 저자의 독특한 교육관이 두드러지게 나타나고 있습니다. 우리 사회의 학부모들은 공부만이 성공을 가져다준다는 사고방식에서 벗어나지 못하고 있지만, 실제로는 공부 이외의 여러 요인들이 중요한 역할을 한다고 말합니다. 예를 들어 저자는 자녀를 예의범절과 에티켓을 갖춘 사람으로 성장하도록 어릴 때부터 교육해주는 게 중요하다고 주장합니다. 입만 열면 공부, 공부를 외치는 우리 사회의 학부모들이 이 점에 대해서는 별로 생각해본 바가 없을 것이라고 생각합니다.

내가 이 책에서 제일 흥미롭게 읽은 부분은 현실적 이슈에 맞서는 지혜를 설명하는 제4부였습니다. 자녀를 영어유치원에 보내야 할까라는 도발적 주제에 대한 논의로부터 출발하는 이 부분에서 저자는 공부에 대한 자신의 생각을 서슴없이 펼쳐내 보여주고 있습니다. 그는 프롤로그에서 농담 반 진담 반으로 "(자신의) 취미는 공부이고, 특기는 시험을 잘 보는 것"이라고 말하고 있습니다. 그를 직접 가르친 바 있는 나로서는 그가 '공부의 달인'이라는 데 공감하지 않을 수 없습니다.

공부의 달인이 자신의 경험에서 우러나온 공부에 관한 갖가지 지혜를 쏟아놓은 이 부분에서 책을 읽는 학부모들이 많은 실용적인 교훈을 얻을 수 있으리라 생각합니다. 예를 들어 시험성적을 올리는 전략에 대한 저자의 친절한 가르침은 학부모들에게 큰 도움이 되리라 믿어 의심치 않습니다. 학생 시절 시험공부 방법이 잘못되어 실패를 경험해본 나로서는 시험공부 방법도 배워야 한다고 말하는 저자에게 강한 공감을 느끼게 됩니다.

반드시 학생 자녀를 둔 학부모가 아니더라도 이 책은 교육에 관심을 갖고 있는 사람이라면 누구나 흥미롭게 읽을 수 있는 책입니다. 당장 자녀 교육으로 발등에 불이 떨어진 사람이라면 더욱 흥미롭게 읽을 수 있으리라고 믿습니다. 저자의 경험에서 우러나온 실용적인 조언들은 자녀 교육에 많은 도움을 줄 것이 분명합니다. 치밀하고 섬세한 필치로 교육에 관한 저자의 생각을 진솔하게 말해주고 있는 이 책은 자신 있게 일독을 권할 수 있는 수작이라고 믿어 의심치 않습니다.

부모라는 징검다리

우선 이 책을 읽을 부모님들께 반가운 인사를 전합니다. 자녀를, 다음 세대를 잘 키워내는 것은 가정에서나 사회에서나 가장 중요한 문제입니다. 그러하기에 수많은 교육 전문가들과 정책 당국자들이 자녀 교육을 주제로 다양한 분야에서 활동하고 있겠지요. 저는 경제학자로서 다년간의 해외 생활을 통해, 그리고 한국과 미국에서 대학생과 대학원생을 지도하고 취업을 도우며 깨달음과 노하우를 얻게 되었고, 이를 부모님들과 나누고자 합니다.

저는 대한민국 교육열의 한가운데인 서울 강남구 대치동에서 초, 중, 고등학교를 모두 나왔습니다. 중학교와 고등학교는 물론이고 서울대학교 국제경제학과(현 경제학부)를 수석 졸업하였고, 기획재정부에서 사무관으로 근무했으며, 이후 스탠퍼드대학교 경제학과에서 박사학위를 취득했습니다. 이후 메릴랜드대학교 경제학과 조교수로 학생들을 만났습니다.

2012년에는 노벨경제학상을 수상한 앨빈 로스Alvin E. Roth 교수님의 초청으로 하버드대학교 경영대학원에서 펠로우십을 하기도 했지요. 그리고 현재는 서울대학교 국제대학원에서 교편을 잡고 있습니다. 언론을 통해서 제 이력을 접한 분들이 저를 처음 만나면 종종 "천재 같다"고 하십니다. 그럴 때면 저는 "천재인지는 모르겠지만, 취미는 공부이고, 특기는 시험을 잘 보는 것"이라고 농담 삼아 말씀드리곤 합니다.

하지만 저는 이 책을 제 자랑이나 무용담을 나누려는 목적으로 집필한 것이 아닙니다. 6년간의 스탠퍼드대학교 박사학위 과정 동안, 그리고 8년간 미국에서의 교수 생활 동안, 무엇보다 고국에 돌아와 한국의 대학에서 우리 학생들을 가르치며 배운 점을 부모님들과 나누고 싶어서 이 책을 쓰게 되었습니다.

2002년 박사 과정을 위해 미국으로 유학을 떠났습니다. 당시 저는 한국에서 '괜찮은 스펙'을 쌓은 사람이었지만, 막상 미국에 도착해 세계 각국에서 온 내로라하는 인재들과 함께 생활하다 보니 제가 글로벌 스탠다드를 기준으로 하면 형편없는 실력을 가진 사람이라는 것을 곧 깨닫게 되었습니다. 당황스럽고, 수치스럽고, 좌절했습니다. 동시에 너무 약이 오르고, 여기서 이대로 주저앉을 수는 없다는 생각에, 어떻게든 살아남을 수 있는 길을 발견하려고 부단히 노력했던 것 같습니다.

다행히 무사히 박사학위도 취득했고, 메릴랜드대학교에서 조교수로 전 세계에서 온 학생들을 만나게 되었습니다. 미국 대학교에서 경제학 박사를 취득한 사람은 한 해 2천 명이 넘지만, 미국 대학교에서 뽑는 조교수의 수는 2백 명이 채 안 됩니다. 심지어 미국인이나 유럽계가 아닌 외국인이 조교수로 임용되는 경우는 극히 드물지요.

저의 유학 생활은 거시적으로 바라보면 비교적 해피엔딩이라고 할 수 있지만, 그 과정을 자세히 보면 심리적, 정신적, 체력적으로 피눈물로 점철된 험난한 여정이었습니다. 특히 '전략적으로 진로를 선택하는 법' '비판적으로 사고하고 창의적인 대안을 만드는 법' '생각을 논리적이고 설득력 있게 말하고 글로 표현하는 법' 등의 기술을 유학기간 동안 시행착오를 거치며 혼자 체득하여야 했습니다.

이것을 혼자 좌충우돌하며 배우는 대신에, 교육과정을 통해서 차근차근 제대로 교육받았다면 얼마나 좋았을까, 하는 아쉬움을 가지게 되었습니다. 이런 아쉬움 때문에 저는 지금도 학생을 지도할 때 이런 능력이 부족하지 않도록 별도로 지도를 해오고 있습니다.

2016년 귀국하여 만나게 된 한국의 대학생, 대학원생들은 제가 미국에서 본 학생들과는 많이 달랐습니다. 요즘 학생들을 '단군 이래 최대 스펙'으로 무장된 친구들이라고 합니다. 하지만 솔직히 저의 경험으로는 인간적인 성숙도maturity나, 한국어와 영어 구사력 그리고 수리적 능력까지 모두 조금 부족해 보였습니다. 결정적으로 본인이 원하는 진로가 무엇이며 그 진로가 요구하는 능력은 무엇인지, 그리고 자신의 강점인 차별화된 능력을 어떻게 배양할 것인지를 판단해내는 '전략적 사고능력'이 특히 부족했습니다.

전략적 사고 없이는 요즘같이 취업경쟁이 극심한 상황에 만족스러운 직업을 갖기가 불가능하다고 해도 과언이 아닙니다. 취업을 하려는 사람들은 많은데 막상 기업에서는 '쓸 만한 사람이 없다'고 말하는 아이러니한 사태가 왜 발생하는지의 이유가 여기에 있겠지요.

여러 가지 시도와 고민 끝에 학생들이 사회인으로 출발하는 첫 관문인 구직 단계를 잘 넘기 위해서는 결국 부모님께서 반 발자국 앞서 있어야 한다는 결론을 내리게 됐습니다. 만약 제가 부모님들께 조금이나마 필요한 정보를 드리고, 부모님들께서 이를 바탕으로 자녀들이 미래를 잘 준비할 수 있도록 도와주신다면 분명 큰 도움이 될 테니까요.

또 부모님들께 노동경제학자로서 제가 알게 된 경제학적 지식을 쉽게 알려드리고 싶어 이 책을 집필하게 되었습니다. 자녀 교육의 큰 목표 중 하나는, 자신의 생계를 잘 유지할 수 있는 능력 있는 사회인으로 자녀를 양육하는 것입니다. 막대한 유산이나 사업을 물려줄 수 있는 특수한 경우가 아니라면, 부모님들께서 자녀 교육으로 기대하는 중요한 목표 중 하나는 아이들이 좋은 직장에 취업하거나 창업으로 성공할 수 있도록 도와주는 것이겠지요.

그런데 제가 한국에서 본 교육에 대한 논의는 학교 교육에 머무를 뿐 취업까지 함께 고려하고 있지는 못한 상황입니다. 심지어 대학에서도 학교 교과목과 취업 실무는 완전히 분리되어 운영이 되고 있으니까요. 학생들은 자신의 실제 능력이 얼마나 부족한지 그 심각성을 자각하지 못하고, 부모님들은 아이가 좋은 대학에 갔다는 사실에 안도하며 더 이상 관심을 기울이지 않습니다.

이러다 보니 아이가 대학입시보다 훨씬 더 중요한 취업단계에서 좌절하는 경우가 다반사이고, 부모님들은 명문대를 나온 내 아이가 왜 잘 풀리지 않는지 이해하지 못하는 안타까운 상황이 벌어지는 경우가 많지요.

저는 그리 길지 않은 시간이긴 하지만 8년 동안 한국의 대학생 및 대학원생을 지도하며 이들이 어떤 문제로 고민하는지, 그리고 직업과 장래에 대한 불확실성으로 얼마나 힘들어하는지 가까이에서 지켜보았습니다. 학생들을 상담하며 그들이 가진 고민의 대부분은, 그간 자신이 오랫동안 지녀왔던 관점이 막상 현실과 잘 맞지 않아 생기는 혼란이란 것을 알게 되었습니다.

그런데 학생들은 왜 현실에 맞지 않는 관점을 가지게 되었을까요? 학생들은 정확한 사실에 기초하여 학교, 교육, 직업, 노동시장에 대한 관점을 가지게 된 것이 아니라, 부모님이나 주변 지인들의 이야기를 듣고 보면서 오랜 시간에 걸쳐 무의식적으로 관점을 형성하게 되었습니다. 이러한 관점이 과거에는 맞았을 수 있지만, 현재 그리고 앞으로는 틀릴 수 있다는 가능성을 의심하지 않았다는 것이지요. 틀릴 수 있다는 가능성을 인식해야만 내가 가진 관점이 맞는지, 그렇지 않은지, 믿을 만한 정보를 가지고 점검하기가 가능할 텐데, 우리 학생들은 처음부터 그러지 못했습니다.

한국은 여러 부분에서 놀랄 만큼 눈부시게 발전하고 있지만,

유치원, 초·중·고 그리고 대학으로 이어지는 일련의 교육제도, 교육방식, 심지어 내용까지도 지난 30년간 크게 변화하지 않았습니다. 지금 자녀를 키우는 부모님도 많은 경우 본인이 겪었거나 주위에서 좋다는 방식으로, 혹은 자신을 양육한 부모님과 선생님께 전달받은 내용과 방식으로 자녀를 지도하고 있을 것입니다.

하지만 시대는 급변하고 있습니다. 과거의 방식이 현재에, 그리고 미래에 자녀들이 직장을 구하고 사회인이 될 때에는 작동하지 않을 가능성이 높습니다.

이런 필요를 조금이라도 채우고자 이 책을 세상에 내놓습니다. 궁극적으로 자녀의 취업능력 배양이라는 과제를 가지고, 앞으로 노동시장이 어떻게 재편될지, 어떠한 능력이 취업 관문을 넘기 위해서 필요할지, 영어, 수학, 국어 능력이 취직에 필요한 능력과는 어떤 관련이 있는지, 대학 전공은 어떻게 선택해야 하는지, 만약 대학입시에서 만족스러운 결과를 얻지 못한 경우에는 어떻게 해야 하는지 등의 현실적인 질문에 대해서도 데이터를 기반으로 연구한 결과를 설명드리고자 합니다.

자녀가 처할 현실이 복잡하고 엄중하기에 어느 때보다 부모님께서 자녀와 함께 미래를 준비할 것을 당부드립니다. 아이가 살아갈 미래는 부모님뿐만 아니라 우리 인류가 한 번도 겪어보지 못한 전인미답의 세상입니다. 이런 낯선 현실을 아이 혼자 헤쳐나가기엔 난관이 너무 많고 어려움이 깊으리라 예상됩니다.

부모님이 자녀에게 많은 관심을 가지고 각자 맡은 역할대로 길을 함께 헤쳐나간다면 혼자 가는 길보다 훨씬 수월할 것이라 믿습니다. 그래서 저는 이 책에 부모님께 드리는 매서운 당부를 담았습니다. 칠흑같이 어두운 동굴을 빠져나가는 어렵고 두려운 그 여정에 이 책이 조금이라도 도움이 되길 간절히 기원합니다. 또 응원합니다.

2023년 초여름

이수형

차례

자녀 교육의 패러다임부터 바꿔야 한다

PART 1

부모님들께선 '내 아이가 공부를 열심히 해서
성적만 잘 나온다면 이런 사회구조적인 문제에
영향을 받지 않을 거야'라고 지레짐작하며
먼 산 보듯 하지 마시고 현실을 직시하셔야 합니다.
그런 구조적인 문제가 있음에도 대학입시
성패 여부와 상관없이, 우리 아이가 사회인으로서
능력 있는 사람이 되도록 어떻게 길잡이가
되어주어야 할지 고민하셔야 합니다.

부모로서 해야 할 역할은 무수히 많겠지만,
자녀를 교육하는 데 있어서 '내 자녀가
사회인이 될 무렵에는 사회가 어떤 모습일지,
그 미래 사회에서는 어떤 능력을 가진 사람을
필요로 할지, 그 능력을 갖추기 위해서 우리 아이가
어떤 준비를 해야 할지'를 계속 고민하고 탐구하셔야 합니다.

부모님들께서 이 책을 읽어야겠다고 생각한
그 마음도 같은 이유일 것입니다.

대 한 민 국 의 ✧ 학 부 모 님 께

일자리가 교육의 성패를 가른다

우리나라 부모님들의 자녀 교육에 대한 열정은 전 세계적으로 유명합니다. 버락 오바마 전 미국 대통령은 재임 시절 "한국이 잘된 이유는 부모들의 교육열 덕분이다. 미국도 그렇게 해야 한다"라며 한국의 교육을 수시로 칭찬하기도 했지요.[1] 그런데 마치 동전의 양면처럼 부모님들의 이런 열띤 교육열이 자칫 방향을 잘못 잡으면 아이들에게 엄청난 부담이 될 수도 있습니다.

제가 요즘 관심 있게 보는 TV프로그램이 있는데요, 자녀와의 관계로 어려움을 겪는 부모님이 전문가에게 상담을 의뢰하는 내용입니다. TV에 나오기로 결심할 정도로 어려움을 겪고 있는 부모님일 테니 일반적인 경우보다는 심각하겠지만, 정도의 차이가 있을지언정 많은 부모님들도 이와 유사한 문제를 겪고 있을 줄로 압니다.

자녀와의 다양한 갈등을 다루는 프로그램이지만 상당수를 차지하는 고민은 학업과 관련된 문제입니다. 아이가 학교 과제물을 제대로 하지 않아서, 입시학원에 가기 싫어서, 혹은 학업성적이 낮아서 등이 주요한 문제입니다. 부모님은 부모님대로 불안하고, 자녀는 자녀 나름대로 괴로워합니다. 오랜 기간 갈등이 계속되다 보면 부모자식 간 감정의 골이 점점 더 깊어지고 원망하는 관계로까지 악화되기 마련이지요.

부모님들께 묻고 싶습니다. 자녀들이 숙제를 매번 잘 해야만 할까요? 자녀들이 싫어하는 학원에 왜 가야만 할까요? 성적이 낮으면 왜 불안할까요? 부모가 바라는 것은 자녀들이 건강하고 능력 있는 사회인이 되어서 잘 사는 것일 텐데 말이지요.

그런데 건강하고 능력 있는 사회인이 되는 것과 숙제를 매일 잘 하는 것, 학원에 가는 것, 성적이 높은 것이 어떤 관계가 있을까요? 관계가 있다고 생각한다면 통계적으로 입증 가능한 근거가 있을까요? 근거가 있더라도, 앞으로 자녀들이 사회인이 될 때에도 그 근거가 적용된다고 보장할 수 있을까요?

절대다수의 부모님들은 쉽사리 답하기가 곤란하실 겁니다. 대신 '성공한 사회인이 되려면 좋은 직장을 가져야 하고, 좋은 직장을 가지려면 좋은 대학교에 가야 하고, 좋은 대학교에 가려면 학교 성적이 좋아야 하고, 학교 성적이 좋으려면 숙제와 학원을 잘 병행해야 한다'는 이유로 오늘도 자녀들과 씨름을 이어가고 계실 테지요.

'좋은 직장'의 정의는 사람마다 다르지만 많은 보수를 주는 직장으로 한정한다면, 한국에서나 미국에서 이른바 일류 대학교를 졸업하지 않고도 경제적으로 성공한 사례는 수없이 많습니다. 물론 일류 대학교를 졸업한 사람들과 보수를 많이 주는 직장을 갖는 비율 간에는 비례관계(통계 용어로 '양의 상관관계positive correlation')가 있습니다. 하지만 특정인이 최상위권 대학교를 나왔기 때문에 좋은 직장에 다닐 수 있는 확률이 증가한다는 인과적인 효과보다는, 많은 경우 애초에 좋은 직장에 다닐 수 있는 지적 능력과 가정환경, 네트워크 등을 갖춘 사람들이 최상위권 대학교에서 합격통지를 받을 가능성이 크기 때문인 경우가 많습니다. 예전 어른들이 종종 말씀하시던 "될 사람은 (우여곡절이 있을지언정 결국 잘) 된다"라는 의미와 일맥상통하는 결과입니다.

세계적으로 인정받는 경제학 연구의 결과를 종합해보면, 그저 아이가 속칭 '일류대'에 들어갔다고만 해서 향후 더 좋은 직장을 갖고, 더 좋은 삶을 살 수 있는 가능성(확률)이 크게 높아지지는 않았습니다.

대학 신입생의 정원이 없는 외국의 경우와 달리, 한국에서는 설령 아이들이 모두 천재적인 학업능력을 가지고 있다고 하더라도 치열한 경쟁을 통해 아주 극소수의 아이들만 최상위권 대학교에 진학할 수 있습니다. 이런 좁은 입시의 문을 통과해야 하는데, 심지어 일부 상류층 부모들이 어긋난 욕망에 사로잡혀 각종 입시비리를 저질러 사회구조적인 문제까지 발생합니다. 이러니 부모가 공부하라고 다그치면 가뜩이나 공부에 많은 부담을 가진 자녀들이 느끼는 반감은 더욱더 커질 수밖에요.

물론 이런 사회구조적인 부정의 문제를 근본적으로 개선해야겠지만, 부모님들이 막연히 안타까워만 하고 있다면 긍정적인 변화를 기대할 수 없습니다. 지난 30년간 수많은 사람들이 교육 개혁을 외쳤지만 현재까지 별다른 개선이 이루어지지 못한 것처럼요.

　　부모님들께선 '내 아이가 공부를 열심히 해서 성적만 잘 나온다면 이런 사회구조적인 문제에 영향을 받지 않을 거야'라고 지레짐작하며 먼 산 보듯 하지 마시고 현실을 직시하셔야 합니다. 그런 구조적인 문제가 있음에도 대학입시 성패 여부와 상관없이, 우리 아이가 사회인으로서 능력 있는 사람이 되도록 어떻게 길잡이가 되어주어야 할지 고민하셔야 합니다.

　　부모로서 해야 할 역할은 무수히 많겠지만, 자녀를 교육하는 데 있어서 '내 자녀가 사회인이 될 무렵에는 사회가 어떤 모습일지, 그 미래 사회에서는 어떤 능력을 가진 사람을 필요로 할지, 그 능력을 갖추기 위해서 우리 아이가 어떤 준비를 해야 할지'를 계속 고민하고 탐구하셔야 합니다. 부모님들께서 이 책을 읽어야겠다고 생각한 그 마음도 같은 이유일 것입니다.

　　저는 이 책을 통해 자녀의 공부는 대학입시가 최종 목표가 되어서는 안 되며, 직업의 선택이 최종 목표가 되어야 한다고 말씀드리고 싶습니다.

　　한국의 일자리 상황은 녹록하지 않습니다. 심심치 않게 보도가 되고 있지만, 이미 최상위권 대학교를 졸업한 학생이라도 상당수는 마음에 맞는 적당한 직장을 구하지 못해서 실업자가 되거나 학교에 계속 머물고 있습니다. 교육부가 제공하는 '대학알리미'에 따르면 2021년 대학교를 졸업한 대졸자의 취업률은 60퍼센트대에 불과합니다. 서울 소재 열한 개 대학교에 한정하

자녀의 공부는 대학입시가 최종 목표가 되어서는 안 되며, 직업의 선택이 최종 목표가 되어야 합니다.

더라도 취업률은 70퍼센트선이며, 서울대, 연세대, 고려대 졸업생의 취업률도 이와 크게 다르지 않습니다.

힘들게 취업을 했다 하더라도 정규직이나 안정된 직장을 구할 수 있는 가능성도 높지 않습니다. 부모자식 간에 사이가 나빠지는 것을 감수하면서까지 매섭게 다그쳐서 소위 명문대학교에 보낸다 한들, 막상 그들이 자신감과 보람을 가지고 사회생활에 임하지 못한다면 무슨 소용이 있을까요?

한국뿐만 아니라 전 세계의 정치경제 질서가 유기적으로 연결되어 급변하는 오늘날, 최근 화제가 된 챗GPT ChatGPT 기술을 포함한 인공지능의 발달과 비대면 기술에 기반한 원격근무, 데이터에 기반한 의사결정 등 일자리와 고용에 지대한 영향을 미치는 기술이 하루가 다르게 발전하고 있습니다. 데이터를 기반으로 과학적이고 효율적인 업무 설계와 의사결정이 가능해진 데다, 인공지능 기술의 발전으로 업무가 자동화되면서 일반적인 관리직, 사무직 근로자에 대한 수요도 급감하고 있습니다.

그뿐인가요. 원격근무가 가능해져서 기업들이 해외에 진출하지 않고서도 인력이 풍부한 개발도상국 사람들이나, 세계적인 네

〈그림 1-1〉 전국 대학교 최근 5년간 취업률

(단위: 퍼센트)

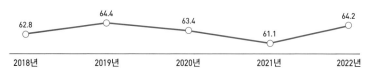

	2018년	2019년	2020년	2021년	2022년
	62.8	64.4	63.4	61.1	64.2

〈표 1-1〉 서울 주요 대학교 최근 5년간 취업률

(단위: 퍼센트)

	2016	2017	2018	2019	2020
서울대	70.6	68.3	70.1	70.9	71.1
연세대	70.1	68.7	70.1	72.5	70.0
고려대	73.8	68.2	70.3	73.3	71.6
서강대	67.1	67.3	70.4	73.7	73.8
성균관대	76.4	75.1	77.0	78.6	76.0
이화여대	63.0	62.7	62.1	63.4	62.3
한양대	72.7	69.6	73.4	73.8	73.5
중앙대	67.6	65.4	69.7	72.4	71.3
경희대	64.3	63.8	68.3	67.4	66.3
한국외대	64.1	60.1	63.7	65.2	64.6
서울시립대	68.6	64.2	68.5	70.0	67.9
11개 대학 평균	68.9	66.6	69.4	71.0	69.9

* 출처: 교육부 대학알리미, 2020년 12월 31일자(2019년 8월, 2020년 2월 졸업자 대상)

트워크와 전문성으로 무장한 선진국의 인재들을 필요에 따라 언제든지 고용하는 일이 가능합니다.

이런 변화가 취업과 일자리에 미치는 함의는 적당한 능력을 지닌 적당한 노동력이 더 이상 필요하지 않다는 뜻입니다. 즉 기업에서 공채 시험을 통해서 적당한 사람들을 초급 레벨로 뽑아서 교육시키는 식의 인사관리가 더 이상 매력적이지도 않거니와 유지가 쉽지도 않다는 얘기지요.

> 실제 업무에 투입되었을 때 바로 1인분의 역할을 감당할 수 있는지, 기존의 인력과 시너지를 일으키며 1인분을 초과하는 성과를 달성할 수 있는지의 여부가 바로 회사가 요구하는 실력의 척도입니다.

이런 상황에서 개인은 낮은 인건비를 무기로 직장을 구하거나, 탁월한 실력과 전문경험을 바탕으로 일자리를 구하는 두 가지 선택의 기로에 놓입니다. 그런데 GDP가 세계 10위인 한국의 최저임금은 이미 높은 수준이어서 전 세계적인 시야로 볼 때 다른 국가에 비해 낮은 인건비 전략을 구사하기가 원천적으로 어렵습니다. 이는 실력과 경험이 부족하여 새롭게 일을 배우고자 하는 젊은이들, 혹은 사회 초년생들이 직장을 구하기 어렵다는 의미입니다.

그럼 다른 한 가지 길인 탁월한 실력이나 전문적 경험은 무엇을 말하는 걸까요? 학점이나 토익점수, 자격증을 말하는 게 아닙니다. 실제 업무에 투입되었을 때 바로 1인분의 역할을 감당할 수 있는지, 기존의 인력과 시너지를 일으키며 1인분을 초과하는 성과를 달성할 수 있는지의 여부가 바로 회사가 요구하는 실력의 척도입니다.

제가 한국에 돌아와서 학부생, 대학원생의 논문을 지도하고, 그들을 연구조교로 채용하여 함께 일하면서 배운 것이 있습니다. 사람마다 놀라운 재주가 있고, 가이드만 잘 한다면 뛰어난 실력으로 이어질 수 있다는 점입니다. 메릴랜드대학교 경제학과에서 근무할 때에는 보통 수리분석력, 이른바 IQ가 좋은 학생들이 연구조교나 경제학자로서 좋은 성과를 보였습니다. 왜냐하면 미국에서는 석-박사 과정이 통합되어 있고, 이 과정의 학생들 중에서 연구조교를 채용하니 당연히 그럴 수밖에요.

　반면, 한국에 돌아오니 경제학 박사 과정에 진학하는 학생들이 매우 소수여서 학부생이나 석사 과정 학생들 중에서 연구조교나 지도학생을 선발해야 했습니다. 특히 서울대학교 국제대학원은 융합 학제이기 때문에 경제학뿐만 아니라 각종 전공생들이 입학하는데, 이 때문에 제가 지도한 학생들은 한국학, 스페인어, 독일어 등 전공뿐만 아니라 졸업한 대학교들도 모두 다양합니다.

　모든 학생들이 다 다르지만 대략 두 가지 유형으로 나눌 수 있습니다. 한 부류는 수리분석력이 좋지만 이른바 '일하는 센스'가 좀 부족한 친구들이고요, 반대로 다른 부류는 수리분석력은 좀 부족하지만 높은 에너지와 활력, 사교성, 사람을 파악하는 능력이 있는 친구들입니다. 두 그룹 모두 현재의 모습 그대로라면 회사에서 1인분의 역할을 제대로 해낼 수가 없겠지요.

　첫 번째 부류는 '머리는 좋은 것 같은데 일이 제대로 마무리가 되지 않는다'는 평가를, 두 번째 부류는 '사람은 좋아보이고 열심히 하는 데 역시 일이 되지를 않는다'는 평가를 받게 되기 때문입니다. 저는 이 두 부류의 학생들을 함께 그룹으로 지도합니다. 그룹미팅 때 각자 공부할 과제를 주면서 저한테 보고하기 전에 학생들끼리 먼저 보고서를 돌려보고 서로 피드백을 준 다음에, 다시 수정한 버전을 만들어서 제출하라고 합니다.

한국에서는 피드백을 주는 것이 혹여 상대방에게 무례한 행동으로 비춰질까 봐 주저하는 경우가 많지만, 제가 그룹활동을 통해서 서로의 장점을 활용하라는 가이드를 주면 발전적인 코멘트를 주고받으면서 동료애를 형성하고, 서로에게 배워가며 놀랍게 성장하는 모습을 보입니다.

예를 들어, 분석력은 좋은데 일하는 방식이나 발표가 어눌한 학생은 발표력과 에너지가 넘치는 학생에게 세일즈나 발표 부분을 배워서 수정을 해오고, 반대로 분석력이 좀 부족한 친구들은 분석력이 좋은 친구들의 도움을 받아서 분석 과제를 완성해서 옵니다. 한 학기가 지나고 나면 둘도 없이 좋은 친구들, 서로의 부족함을 메워주는 동료, 나에게 가르침을 주는 친구이자 선생님의 관계를 가지게 됩니다. 이렇게 신뢰와 안정감을 기본으로 스스로 부족한 점을 메우고, 장점을 빛나게 만들면 취업면접에서 큰 효과를 거두게 됩니다.

성적과 자격증은 구직활동에서 고려되는 지표일 뿐입니다. 결국 회사나 고객이 원하는 것은 이 지표를 통해서 측정하고자 하는 궁극적인 실력입니다. 실력은 회사나 고객을 위해서 가치를 창출하고 전달하는 능력인데, 사회경제적 맥락이 변화하면 가치를 창출할 수 있는 기회나 방법도 바뀌게 되지요. 따라서 자녀가 성인이 된 이후 맞게 된 사회경제적 환경을 미리 전망하고 미리 대비하는 일은 당연한 준비 사항입니다.

　물론 세부적으로 전망하기가 쉽지 않지만 전반적인 변화의 흐름 정도는 감지할 수 있습니다. 구체적으로 사회·경제에 큰 파급 효과를 미치는 변화(예를 들어 신고립주의의 대두, 지정학적 갈등)나 기술적인 진보(인공지능, 빅데이터 등)는 하루아침에 갑자기 나타나는 것이 아니라, 변화의 큰 흐름 속에서 서서히 그 영향력을 사회에 드러냅니다.

　이 책의 2부(Part 2)에서는 자녀가 사회인이 될 즈음의 일자리 판도에 큰 영향을 미칠 수 있는 인공지능과 자동화 기술, 글로벌 정세, 한국 내 경제 및 사회 환경의 변화에 대해서 살펴보겠습니다.

대학과 직업은 비례하지 않는다

많이 알려졌다시피 대학 진학 여부와 상관없이 방송·연예계, 웹툰 등의 문화계, 유튜브 등에서 성공하는 사람들을 보면 일반 직장인이 상상할 수 없는 엄청난 경제적 보상을 받고 있습니다. 물론 이런 업계는 성공률이 매우 낮고, 능력에 따른 보상의 편차가 크기 때문에 실상은 이 분야의 다수 종사자들은 기초생계조차 유지하기 어려운 실정입니다. 비단, 방송·연예계와 같은 창작업계가 아니더라도 우리는 최근 대학 졸업 여부에 크게 구애받지 않고 '실력'만 있다면 좋은 직장에 취업할 수 있는 길을 눈앞에서 자주 목격하게 됩니다.

요즘 들어 자주 보도되는 사례는 컴퓨터 프로그래머입니다. 20년 전까지만 하더라도 프로그래머들은 주요 사업의 부주업무를 담당하는 기능으로 인식되었고, 업무에 비해서 보수가 높다고 평가

받는 직종은 아니었습니다. 예를 들어 게임업체들이 프로그래머에게 포괄수가제를 적용하면서 과도한 업무를 마감 기간 내에 완수하도록 요구하는 크런치 모드Crunch Mode(업무 마감 시한을 앞두고 수면, 식사, 위생, 기타 개인 생활을 희생하면서까지 연장근무를 하는 행태)라는 관행이 팽배하였습니다.

단기간 과도한 업무를 하다 보니 게임 개발자들이 과로사로 사망하는 사례가 뉴스에 보도된 것도 오래전 이야기가 아닙니다. 김영선 저자의 책《누가 김부장을 죽였나》[2]에 소개된 내용을 보면, 우리나라 20~30대 뇌심혈관 질환에 의한 사망률이 10만 명당 열 명 미만인 것에 비해, 게임업계 종사자의 경우 10만 명당 66.7명으로 매우 높은 수준이라고 합니다.

하지만 스마트폰이 대중적으로 보급되고, 스마트폰을 기반으로 한 각종 서비스 사업이 개발되면서 프로그래머에 대한 수요는 폭발적으로 증가하였습니다. 또한 서비스 제공 과정에서 광범위하게 창출된 데이터를 수집하여 데이터베이스화하고, 이를 분석해서 창업이나 각종 사업 결정을 내리는 데 필요한 데이터 분석가, 데이터 과학자에 대한 수요 역시 급작스럽게 팽창하였지요.

그렇지만 너무나 단기간에 급속히 발전한 산업이기에 이런 기술을 잘 활용할 수 있는 훈련을 받고 경력을 쌓은 사람의 수는 상대적으로 적습니다. 그 때문이겠죠? 인력에 대한 수요 대비 공급이 부족하기 때문에 개발자들에 대한 보수나 대우가 빠르게 개선되었고, 일부 기업에서는 임원보다 비임원 개발자의 보수가 높은 역전 현상도 보도되고 있습니다.

결국 자녀가 소위 명문대학에 가지 않더라도 이처럼 수요 대비 공급이 적은 업종에서 요구하는 실력을 구비한다면 취업이나 보수에 대해 걱정하지 않아도 된다는 것이죠. 특히 IT기술과 관련해서는 입학 점수가 높은 학교를 졸업하지 않았더라도, 심지어 대학을 자퇴했다 하더라도 실제로 개인의 프로그램 기술이 뛰어나다면 취업에 문제가 없습니다. 회사 입장에서는 바로 실무에 투입할 수 있는 사람, 다시 말해 실력을 갖춘 사람이 중요할 테니까요.

이런 '노동 공급자' 우위의 시장은 프로그래머에 국한된 것이 아니고, 최근 특별하게 발생한 일도 아닙니다. 무엇이 노동 공급자 우위의 시장인지는 시대에 따라 변화해왔으니까요. 자녀가 사회생활을 시작할 때 인력에 대한 수요가 공급에 비해서 늘어나는 직무에 경쟁력을 가지고 있다면 어떨까요? 구직을 하는 것도, 높은 보수를 받는 것도, 커리어를 쌓는 일도 다 편하게 할 가능성이 높다는 뜻이지요.

따라서 부모님은, 앞으로 공급자 우위가 발생할 직무가 무엇인지, 이 직무들 가운데 우리 아이가 상대적으로 관심을 가진 분야가 무엇인지 분별하는 것이 가장 중요할 뿐만 아니라 교육에서 가장 기본이 되는 과제라고 감히 말씀드리고 싶습니다.

이 책을 읽는 부모님의 자녀 중에는 집중력을 유지하는 시간이 길지 않아서 일반적인 학교 숙제나 과제를 하기 힘들어하지만, 게임이나 컴퓨터에 흥미가 있는 경우가 있으실 겁니다. 이런 경우 자녀를 야단치고 다그친다고 해서 자녀의 행동이 확 바뀌기는 어렵습니다. 자녀의 입장에서는 본인이 당장 즐거워하는 게임을 그만하고,

'높은 학교 성적 → 좋은 학벌 → 좋은 직장 → 만족스러운 삶'이라는 오래된 고정관념에서 과감히 벗어나시는 것이 오늘의 교육에서 가장 먼저 하실 일입니다.

'숙제하기' '학원 가기'라는 하고 싶지 않은 일을 해야 하는 것을 잘 납득하지 못할 수도 있습니다. 부모님께서 "지금 공부를 해야 좋은 대학에 가고 잘 살 수 있다"고 말씀하셔도 여러분의 자녀는 잘 수긍하지 못할 겁니다.

더욱이 우리는 앞서 살펴보았듯이 최상위권 대학교에 간다고 하더라도 성인이 되어 경제적으로 사회적으로 만족스러운 삶을 살 수 있다고 보장하기 어려운 시대를 경험하고 있습니다. 결국 '높은 학교 성적 → 좋은 학벌 → 좋은 직장 → 만족스러운 삶'이라는 오래된 고정관념에서 과감히 벗어나시는 것이 오늘의 교육에서 가장 먼저 하실 일입니다.

자녀가 컴퓨터나 게임에 순수하게 관심이 많은 것이라면, 게임을 직접 코딩해서 개발할 수 있는 교육 프로그램 수업에 자녀를 등록시켜주시는 것은 어떨까요? 반면, 자녀가 학교생활에서 과도한 스트레스를 받아 게임을 도피처로 선택하였다고 판단하신다면 상담 전문가의 도움을 구하시는 것이 순서입니다.

자녀 교육에 있어서 부모님께서 가지고 계신 생각이 과연 합리적인지 다시 한 번 점검해주시고, 이성적인 판단이나 숙고 없이 부모님 세대의 방식으로 아이에게 공부만 강요하는 실수는 피하시길 바랍니다.

'수포자'는 되지 않게

최근 큰 화제를 불러일으키고 있는 챗GPT와 같은 인공지능과 자동화 기술은 일반 사무직, 전통적인 화이트칼라의 입지를 급격히 위협하고 있습니다.

은행에 전산망이 깔리고 컴퓨터가 대중화되기 이전인 1980년대까지는 월급날 회사에서 직원들에게 월급을 줄 때 경리부 직원들이 일일이 계산을 해서 봉투에 현금을 담아 지급하였습니다. 이런 경리 업무에 얼마나 많은 사람들이 필요했을지 상상이 되시지요? 본사는 물론이고 작업장, 사무실마다 최소한 경리가 한두 명씩은 꼭 필요했습니다.

하지만 지금은 정해진 조건에 따라 자동으로 월급이 계산되고, 계산된 금액이 회사 은행계좌에서 각 직원들에게 자동이체로 보내집니다. 결국 소수 인원만 있어도 다수 직원에게 월급을 지급하는 것이 가능해져서 예전에 '경리직'이라고 칭하던 사무직 직종에 대한 수요가 급격히 줄어든 거지요.

이런 변화는 금융, 법률, 회계, 세무 등 다양한 분야로 확장되고 있습니다. 예를 들어, 골드만삭스의 뉴욕증권 본점은 2000년까지만 해도 6백여 명의 딜러가 근무했지만, 이제는 모두 인공지능 알고리즘으로 대체되고 현재 단 두 명의 딜러만 남았습니다.[3] 일본의 한 보험회사도 2017년 보험료 계산이 가능한 인공지능 시스템을 도입하면서 이 업무를 담당하던 서른네 명을 모두 해고했다고 합니다.[4]

결국 인공지능과 자동화 기술이 대체하기 쉬운 일반 업무를 담당하는 직업은 사라지고 있고, 이러한 직업에 주로 특화된 일반 문과계열의 대학 전공으로는 취업의 문이 좁아졌다는 것이지요. 수학이 싫다는 이유만으로 문과를 선택한다면 대학입시를 하기도 전에 이미 미래의 취업에 있어서 상당한 손해를 감수해야 하는 상황에 놓이게 된 것입니다.

부모님이나 자녀들은 이런 점까지는 잘 고려하지 못하는 것 같습니다. 이것은 저만의 견해도 아니고 한국에 국한된 상황만도 아닙니다. 영국 최초의 인도계 총리인 리시 수낙Rishi Sunak 총리는 2023년 신년 연설에서 '영국의 모든 아이들이 18세까지 수학을 집중적으로 공부하도록 교육과정을 개편하겠다'는 정책을 발표했습니다. 지금의 경제 환경에서는 데이터와 통계에 대한 지식이 모든 일자리의 근간이 되기 때문이라고 강조하면서요.[5]

먼저 부모님들께서 자녀가 수학을 제대로 공부하고 있는지 살펴봐주세요. 객관적으로 수학 점수가 낮은 경우뿐만 아니라, 성적이 좋음에도 불구하고 자신이 수학을 못한다고 생각하며 '수포자'로 규정하는 경우도 많더군요. 2021년에 실시한 설문조사에 따르면, 한국 초등학교 6학년 학생의 12퍼센트, 중학교 3학년 학

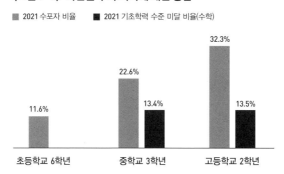

〈그림 1-2〉 학년별 수학 과목에 대한 응답

'수포자 비율'은 2021년 말에 실시한 전국 수포자 설문조사에서 조사된 수포자 비율
'기초학력 수준 미달 비율(수학)'은 2020년 국가수준학업성취도 평가(수학 교과) 결과
(2021년 발표)

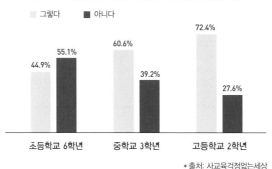

'나는 수학 때문에 스트레스를 받는다'라고 답한 학생의 비율

* 출처: 사교육걱정없는세상

생의 23퍼센트, 고등학교 2학년 학생의 32퍼센트가 본인이 수포자라고 응답했습니다. 수학을 포기하였거나, 혹은 포기한 것은 아니지만 '나는 수학 때문에 스트레스를 받는다'라고 응답한 학생의 비율은 초등학교 6학년 학생 중 45퍼센트, 중학교 3학년 학생 중 61퍼센트, 고등학교 2학년 학생의 72퍼센트로 나타났습니다.

'수포자' 혹은 수학에 흥미를 느끼지 못하고 스트레스를 받는 학생 비율에 주목하는 이유는 미래의 일자리 상황이나 기술 동향을 감안할 때 데이터와 통계에 대한 이해력이 취업의 필수조건이기 때문입니다. 지금까지는 광고나 마케팅, 제품개발, 기업의 전략 수립에 있어서 관리자의 경험을 근거로 하여 대략의 '감'으로 수립하던 방식이 더 이상 통하지 않습니다.

기업은 광범위한 데이터를 입수해서 경쟁기업보다 빠르게 고객들이 원하는 제품과 서비스를 제공할 수 있을지에 사활을 걸고 있습니다. 이런 시대에 기초적인 통계 지식을 구비하지 못한다면 큰 핸디캡이 됩니다. 물론 한국의 정규교과 과정에서 배우는 수학 교과 내용과 제가 말씀드리는 실용적인 통계 지식 간에는 간극이 있습니다. 하지만 초등학교에 다닐 때부터 '수학이 싫다' '포기했다'라고 말하는 아이들은 대학에 가서도 실용 통계를 배우는 데 심리적인 장벽을 만나게 되고, 이를 극복하기는 쉽지 않습니다.

한국의 교육정책을 감안해본다면 사실 이 문제에 있어서 한국 교육 시스템에 그다지 희망을 걸기가 어렵습니다. 수학에 대한 흥미도, 수포자 문제와 관련해서도 지금까지 한국의 교육정책 당국이 취한 주요한 정책들은 교과과정을 이른바 '쉽게' 만드는 일이었습니다. 하지만 이런 노력들이 학생들에게 수학에 대한 흥미도를 높여주었다거나 수학 실력을 높여주었다는 증거는 찾을 수 없습니다. 오히려 국제적으로 통용되는 수학성취도 평가 결과에 따르면 한국 학생들의 실력이 갈수록 하락하고 있다고 합니다.

OECD(경제협력개발기구)는 15세 학생들을 대상으로 국제학생평가PISA, Programme for International Student Assessment를 3년마다 실시하고 있습니다. 2019년 결과를 기초로 〈표1-2〉에서는 한국, 일본, 미국, 홍콩 및 중국, 이 다섯 국가 학생들의 실력을 비교해 보여줍니다. 수학과 관련해서 기본적인 학업능력을 갖추지 못한 '기초학력 미달 비율'을 보면, 한국 학생들은 2012년까지 10퍼센트 미만의 낮은 수준을 보이다가, 2015년과 2018년에는 15퍼센트를 초과하였습니다.

게다가 한국 학생들이 겪는 기초학력 미달률 증가 현상이 수학에만 국한된 것이 아니라, 국어(읽기)와 과학에서도 동일하게 보이고 있습니다. 반면 한국과 비교 대상이 되는 일본이나 홍콩에서는 이런 학력 저하 현상이 발견되지 않습니다. 급부상하는 중국(베이징, 상하이, 장쑤성, 저장성)의 경우 모든 과목에서 기초학력 미달률이 2~5퍼센트 수준으로 매우 낮습니다.

다른 나라 학생들과의 학력 비교가 중요한 이유는 코로나 팬데믹 이후에 급증한 원격근무 때문입니다. 지금까지는 한국에 설립된 기업이 직원을 채용할 때 기본적으로 한국에 거주하는 사람들(주로 한국인)만 고용하였습니다. 그래야 출근을 할 수 있으니까요. 하지만 코로나 방역조치로 대면근무가 어려워지자 정보통신ICT

〈표 1-2〉 중학생 기초학력 미달률(PISA)

(단위: 퍼센트)

	2006	2009	2012	2015	2018
1. 수학					
한국	8.9	8.1	9.1	15.5	15.0
일본	13.0	12.5	11.1	10.7	11.5
미국	28.1	23.4	25.8	29.4	27.1
홍콩	9.5	8.8	8.5	9.0	9.2
중국*	–	–	–		2.4
2. 읽기					
한국	5.8	5.8	7.6	13.7	15.1
일본	18.4	13.6	9.8	12.9	16.8
미국	–	17.6	16.6	19.0	19.3
홍콩	7.1	8.3	6.8	9.3	11.6
중국*	–	–	–	–	5.2
3. 과학					
한국	11.2	6.3	6.6	14.4	14.2
일본	12.0	10.7	8.5	9.6	10.8
미국	24.4	18.1	18.1	20.3	18.6
홍콩	8.7	6.6	5.6	9.4	11.6
중국*	–	–	–	–	2.1

＊중국: 베이징, 상하이, 장쑤성, 저장성만 해당
＊출처: PISA 2018 Result What Students Know and Can Do (Volume I)
　　　PISA 2012 Results: What Students Know and Can do (Volume 1)

기업, 연구 기술직 등 근로여건이 좋은 직종을 중심으로 사무실이 아닌 집, 카페 등에서도 근무를 용인하는 원격근무제가 실시

되었습니다.

원격근무가 보편화되면서, 한국에 있는 기업이라도 동일한 임금을 주고도 더 좋은 결과물을 생산할 수 있는 외국인 혹은 같은 결과물을 생산하더라도 더 낮은 임금을 요구하는 외국인을 고용할 수 있는 발판이 마련된 것이지요. 결국 우리 아이들이 좋은 직업, 일자리를 두고 경쟁을 해야 하는 상대는 중국, 홍콩, 미국 등에 사는 외국인들로까지 범위가 넓어지고 있습니다.

자녀가 수학은 포기했지만 코딩은 잘 한다고 하시는 부모님들도 간혹 계실 것입니다. 이런 경우라도 안심하기는 이릅니다. 기업에서 코딩이 필요한 이유는 궁극적으로 기업의 매출, 시장점유율, 이윤을 높이는 방법 중 하나이기 때문입니다. 단순한 코딩 기술이라면 여러분의 자녀 대신 기업들이 원격근무를 이용하여 개도국 근로자에게 외주를 줄 수도 있고, 최근 개발된 인공지능 기술을 이용해서 기계가 코딩을 하는 방향으로 진화할 수도 있습니다. 즉, 자녀가 코딩을 잘 하더라도 이 기술을 어떻게 회사의 경제활동과 연계를 시킬지 알아야만 높은 부가가치를 생산하고 좋은 대우를 받을 수 있습니다.

사회적 부가가치를 창출하는 경제활동과의 연계를 위해서는 데이터, 통계를 통해 경제 현황을 인식할 수 있는 수리-통계적 능력과, 사회경제 현상을 이해하는 경제·경영 또는 인문학적인 능력이 필요합니다. 그런데 '수포자'라고 스스로 규정하는 순간, 개도국 프로그래머나 인공지능 기술과 비교하여 자신의 비교우위, 혹은 한끝의 차이를 포기하게 되는 결과를 초래할 수 있습니다.

한국의 인스턴트 학습 문화

보통 한국사람들이 '공부를 잘 한다' '머리가 좋다'라는 표현을 쓸 때는 '기억력 혹은 암기력이 좋다' '국영수 등 입시과목에서 점수가 높다' '대입에 성공해서 남들이 부러워하는 대학, 학과에 입학하고 졸업했다' 혹은 '학점이 좋다'란 의미인 경우가 많습니다. 이러한 의미는 공부나 학습을 학교 입시과정으로 한정하는 경우이지, 공부나 학습의 원래 의미는 아닙니다.

영어 단어 중에서 'Learn'은 한국어로 '배우다' '공부하다'라고 번역하는데, 메리엄-웹스터 사전에서는 learn의 정의를 ① (혼자 하는) 학습, (타인으로부터의) 교습, 또는 경험을 통해서 지식이나 이해를 얻는 것 ② 암기하는 것 ③ 실행 가능한 능력을 얻는 것 ④ 깨닫게 되는 것이라고 제시하고 있습니다.

즉, 배운다는 것, 학습한다는 것은 여러 가지 방법으로 지식을 습득하고 이해하고, 이를 활용할 수 있는 상태라는 뜻입니다. 배움의 범위는 정규 교과과정에 있는 교과목에 그치는 것이 아니라, 사회인으로서 필요한 지식과 교양까지 포괄합니다. 또 배움의 방법도 대입처럼 학원이나 인터넷 강좌(인강)를 수강하고 시험을 보는 방법뿐만 아니라, 스스로 어떤 내용을 어떠한 자료에 근거해서 배우면 좋을지 판단해서 배우는 방법(이른바 자습), 일을 하면서 혹은 경험을 하면서 체득하는 방법 등이 있습니다.

학습에 관해서는 이렇게 넓은 범위의 주제와 다양한 방법이 존재하지만, 안타깝게도 한국에서 통용되는 학습은 교과목에 한정되어 있고, 또 학원이나 인터넷 강좌 등 타인에게 의존하는 학습 방법이 지배적입니다.

저는 미국 메릴랜드대학교 경제학과에서 학생들을 가르치다 한국에 돌아오기로 결정하고 곧바로 한국 교수님들께 연락을 드렸습니다. 교수님들께서 귀국을 축하해주시며 입을 모아 "이 교수, 축하합니다. 한국 대학생들은 미국 학생들보다 똑똑하고 공부도 열심히 하니 교수 할 맛이 날 겁니다"라고 이야기하시더군요.

그런데 제가 한국에 돌아와 겪게 된 경험은 전혀 달랐습니다. 제가 만난 학생들은 단군 이래 최고 스펙을 가진 학생들이었지만, 저는 왠지 공부를 열심히 한다는 인상을 받지 못했습니다. 시간이 좀 흐르고 학생들을 겪어보니 한국 학생들의 '학습능력'이 떨어진다는 사실을 알게 되었습니다. 꽤 충격이었습니다.

보통 한국 학생이 미국 학생에 비해서 똑똑하다는 말의 근거로 '수학 점수가 높다'라고들 합니다. 학생들은 초중고 대학입시를 거치면서 여러 가지 수학적 지식을 배워 대학에 옵니다. 하지만 우리 학생들의 문제는 그 지식을 충분히 이해하고 활용할 능력을 키운 것이 아니라, 대학입시용으로 암기만 한 경우가 많다는 점입니다. 이것은 비단 서울대학교 등 국내 최상위권 대학의 학생들이라고 크게 다르지 않습니다.

한국의 고등학교 과정에서는 문과라고 하더라도 확률, 통계의 기본을 학습하게 되어 있습니다. 그렇지만 제가 대학교에서 만난 학생들은 가설검증, 유의 확률p-value은 계산할 줄 알아도, 그러한 과정이 왜 어떻게 필요한지는 제대로 이해하지 못하고 있었습니다. 설령 한국 학생들이 메릴랜드대학교에서 제가 만난 학생들보다 수학의 기초가 탄탄하다고 하더라도, 한 학기 동안 학생이 체득하는 학습의 결과물을 기준으로 보면 한국 학생들의 성적은 그리 좋지 않습니다.

수업 초기, 기초지식 측면에서는 한국 학생들이 미국에서 만난 학생들에 비해서 준비가 더 되어 있는 경우가 많지만, 한 학기가 지나고 '얼마만큼 학생들이 전문적 지식을 습득해서 본인의 커리어를 향해 전진하는지'라는 성장growth, value-added(부가가치 증분)의 측면에서 보면 한국 학생들은 미국에서 만난 학생들에 비해 대체로 뒤떨어졌습니다.

초중고등학교에서 배우는 내용이나, 대학교 심지어 대학원에서 배우는 내용은 대부분 전문가로 성장하는 데 기초가 되는 내용에 불과합니다. 어떠한 분야에서든 전문가로 인정받기 위해서는 이러한 교육과정에서 쌓은 지식을 발판으로 추가적인 학습을

〈그림1-3〉 학습능력 측정법

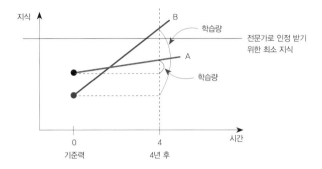

통해서 일정 수준 이상의 지식을 습득하여야만 합니다.

〈그림1-3〉에서 세로축은 전문가로 인정받을 수 있는 지식을, 가로축은 시간을 표시합니다. 도표에서 보이는 수평선은 전문가로 인정받기 위해서 필요한 최소한의 지식량을 표시합니다.

이 도표에서는 두 가지 유형의 사람이 나타나는데, A로 표시된 사람은 시작점에서 B로 표시된 사람에 비해서 지식의 양이 많습니다. 그렇지만 4년이 지나는 동안 이들이 축적한 지식의 증가분(즉 학습량)은 B에 훨씬 뒤처집니다. 4년이 흐른 뒤 오히려 B그룹의 사람들은 A그룹을 역전할 뿐만 아니라, 전문가가 되기 위한 최소한의 자격요건까지 갖추게 되었습니다. 학습능력은 어떠한 시점, 시작점에서 얼마만큼 능력이 있는지가 아니라, 주어진 시간 동안 얼마나 빠르게 필요한 지식을 축적하고 시간 내에 필요한 전문성을 구비할 수 있는지를 의미합니다.

비록 길게 경험하진 않았지만, 전반적으로 한국 학생들은 미국 학생들에 비해 B그룹보다 A그룹에 더 많이 속한 것 같습니다. 그렇다면 한국 학생들에게 왜 이런 경향이 두드러지게 나타나는 걸까요?

많은 학생들이 대학에 올 때까지 스스로 책을 보고 생각하면서 공부를 한 것이 아니라, 학원이나 인강 등에서 외우기 쉽게 가공한 정보를 가지고 성적만 내는 방식으로 공부했기 때문이라고 짐작해봅니다. 비유를 들자면, 한국의 아이들은 마치 인스턴트 음식에 의존해 자란 아이들 같습니다. 단기간에 점수만 올리는 암기 위주, 비법 위주의 교육방식으로 공부하기 때문이죠.

인스턴트 음식은 씹지 않아도 소화가 잘 될 만큼 가공이 많이 되어 있습니다. 하지만 건강을 위해서 필수적인 영양소들은 거의 존재하지 않고, 열량만 높아서 비만, 당뇨, 염증을 일으켜 건강을 해칩니다. 물론, 전쟁과 같은 극한 시기에 생존이 위협 받을 때는 인스턴트 음식도 필요합니다. 그렇지만 장기적인 건강을 위해서는 현미, 고기, 생선, 야채같이 가공이 최소화된 음식을 섭취해야 합니다.

그런데 인스턴트 음식에 길들여진 사람들에게는 몸에 좋은 음식들이 맛이 없어 먹기 힘들다는 것이 문제입니다. 씹기도 힘들고, 소화도 잘 되지 않지요. 인스턴트 음식에 맞춰서 소화액이 분비되다 보니 소화기가 감당하기 어려울 것입니다.

한국 아이들의 학습은 마치 인스턴트 음식을 먹는 것처럼 주로 누군가가 대신 공부해서 아이들에게 공식을 외우고 반복해서 문제를 풀게 하는 방식으로 이루어집니다. 시험 성적을 올리기에

(비유하자면 몸집을 키우기에) 유리하지요. 하지만 대학에서나 일자리에서 배워야 하는 지식들은 지식 그대로, 즉 가공되지 않은 채로 얻어야 합니다.

고도의 전문지식은 결국 각 분야의 소수 전문가가 되려는 사람들에게만 필요하므로 대중성이 없습니다. 결국 학원이나 인터넷 강좌가 존재할 수가 없지요. 해당 지식에 상응하는 인스턴트 음식이 없다는 의미일 것입니다. 따라서 인스턴트 학습에 의존한 한국 학생들이 대학에 와서 제대로 정보를 받아들이고 이해하는 학습에 취약할 수밖에요.

반면 미국 교육은 한국보다 원리를 강조하는 교육, 스스로 생각하게 하는 교육에 초점이 맞춰져 있습니다. 대학에 올 때 총 학습량이 적을 수는 있어도(즉 몸집은 좀 작아도), 한국 학생들보다 전문 지식을 습득할 수 있는 능력(몸에 좋은 음식을 소화해낼 수 있는 흡수력)이 높은 상태로 들어오는 것이지요. 따라서 동일한 내용을 학생들에게 가르치면(즉 가공이 적게 된 음식을 주면) 미국에서 만난 학생들은 스스로 생각하고 궁금한 것은 질문하며 흡수하는 등 본인의 커리어에 맞게 적용하는데, 한국 학생들은 궁금한 것을 묻지도 않고, 외워서 시험 보는 데에만 관심을 두니 본인의 커리어에 맞게 적용하는 능력도 떨어지게 됩니다.

비판적 사고, 스스로 생각하는 힘을 키워주지 못하는 한국식 교육의 문제점은 제가 박사 과정 동안 뼈저리도록 아프게 느꼈던 부분입니다. 이 한계를 충분히 극복하는 데 4년여의 시간이 걸렸지요. 미국의 경제학과 박사 과정(한국으로 치면 석-박사 통합과정)에서는 1년차에 경제학 연구를 수행할 때 필요한 기본적인 수학, 통계학 등에 대한 지식을 집중적으로 배웁니다. 이 지식을 1년간 습득한 이후에 충분히 학습이 되었는지를 평가하는 박사 과정 자격시험을 봅니다. 보통 퀄리피케이션 테스트qualification test라고 하고, 줄여서 '퀄'이라고 부릅니다. 이 자격시험에서 탈락하면 박사 과정 논문을 쓸 수 없고 대신 2년차 수업을 마치면 석사학위를 받고 졸업합니다. 그래서 경제학자로서의 지식을 쌓는 본격적인 수업은 2년차부터 시작되지요.

제가 겪은 문화적인 충격은 1년차가 아닌 2년차에 본격적으로 시작되었습니다. 저는 박사자격시험의 대상이 되는 세 개의 분야 중에서 거시경제학과 계량경제학(통계기반 경제학)에서 좋은 성적을 거두었고, 미시경제학에서도 문제가 없이 한 번에 통과를 했습니다. 학위과정 1년차가 어렵긴 했지만 아주 뒤처지지는 않았다는 것이지요.

그런데 본격적인 2년차 전공별 수업을 수강하면서 너무 큰 충격과 좌절을 겪게 되었습니다. 보통 2년차 수업은 기본적인 이론뿐만 아니라 관련된 최신 경제학 논문들을 읽고 토론하게 됩니다. 수업에 따라서는 자신의 논문 아이디어를 발표하기도 하죠. 이론을 배우는 데는 아무 문제가 없었고, 논문을 읽고 이해하는 데도 문제가 없었지만, 저는 아무런 질문이 떠오르지 않았습니다.

반면 1학년 때 두각을 나타내지 않았던 친구들, 이른바 수리적 능력이 좀 부족한 친구들은 마치 물 만난 물고기처럼 수시로 손을 들어 질문을 하고, 자신의 경험을 이야기하면서 아이디어를 발표하는 것이었습니다. 2년차, 3년차 동안 자괴감에 참으로 많이 괴로워했던 것 같습니다. 왜 나는 질문이 떠오르지 않는 것일까? 나는 리서치 능력이 부족한 걸까? 이런 생각 때문이었지요.

이렇게 활발히 질문하는 행동은 비단 수업 중인 학생들에게서만 보이는 행동이 아닙니다. 미국 주요 경제학과에서는 전공별(거시, 미시이론, 응용미시, 계량경제학 등)로 매주 한 번씩 외부 강연자의 세미나를 개최합니다. 이런 강연자들은 하버드, MIT 경제학과 교수들을 포함한 경제학 연구의 최고 권위자들입니다. 이런 세미나에는 경제학과 교수님들뿐만 아니라 해당 전공을 선택한 박사 과정 학생들도 참여합니다. 저도 2년차부터 참여하기 시작하였는데요. 처음 몇 번은 너무 놀랐던 기억이 생생합니다.

하버드대학교에 재직 중인 유명한 교수님께서 발표를 하였는데 발표자료 첫 장, 즉 연구논문의 주제에 대해서 5분이 넘도록 난상토론이 벌어진 것이었습니다. 주요 쟁점은 논문 주제에서 사용한 특정 단어의 뜻이 분명하지 않은데 정확히 무엇인지 설명하라는 것이었지요.

해당 발표자는 하버드대학교에서 정년 보장을 받은 석좌교수이자 학계에서 막강한 영향력을 행사하는 분으로 알려졌지만, 날카로운 질문을 던지면서 자신의 주장을 펼친 분들 중에는 스탠퍼드대학교의 조교수들도 있었습니다.

나중에 알게 된 것이지만, 강연자에게 날카로운 질문을 던지고, 건설적인 조언을 주는 질문자들은 스탠퍼드 경제학과 교수들 사이에서뿐만 아니라 강연자에게도 좋은 인상을 주게 됩니다. 한국에서였으면 무례하다, 인성이 틀렸다고 학계에서 매장을 당했을 것 같은데, 오히려 정반대의 평가를 받는 것이지요. 그 이유는 정년 보장이 되지 않은 조교수든 노벨상 수상자든 상관없이, 연구 결과물을 발표하는 장에서는 연구가 왜 중요한지, 제대로 연구를 수행한 것인지, 연구결과의 질이 높은지를 무엇으로 보장하는지에 대하여 청중을 설득할 책임이 있기 때문입니다.

질문을 통해서 발표자가 미처 생각하지 못한 논리적인 허점을 지적하거나, 발표자의 주장을 보다 설득력 있게 해줄 수 있는 사례가 공유된다면 발표자의 입장에서는 참석한 분들이 자신의 연구를 도와준 셈이 되는 것이지요. 이 때문에 고맙다고 감사를 표하고, 훌륭한 연구자라고 평가를 하는 것입니다.

이러한 배경을 감안하자면, 학생이 수업시간이나 전공별 세미나에서 질문을 하지 못하는 것은 크나큰 수치입니다. 지적 능력이 떨어지거나 관심이 없다는 표현이기 때문이지요. 제가 2년차에 느꼈던 당황스러움과 좌절은 이 때문이었으니까요. 오랜 기간 고민하고 좌충우돌을 거치면서 박사 과정 막바지에 극복을 해냈고 지금은 누구보다도 세미나 때 질문을 많이 하는 사람이 되었습니다.

이 경험을 통해서 저는 제가 질문을 하지 못했던 이유가 바로 한국식 교육법에서 성장했기 때문이란 걸 알게 되었습니다. 한국에서는 선생님이 무엇을 가르쳐주면 아무도 질문하지 않습니다. 뭔가 잘 모르는 부분이 있어도 잘 알아듣지 못한 학생의 잘못이라고 생각하니까요. 이런 맥락에서 발표자가 세미나 중에 무슨 말을 했는데, 알아듣지 못하면 미국 친구들은 손을 들고 질문을 하는데 저는 '내가 뭔가 모자른가 보다' 지레짐작하고 질문을 하지 못했던 것이지요.

어떤 논문을 읽거나 설명을 들었을 때, 그것을 충분히 이해하고 나의 방식으로 다른 사람에게 설명할 수 있어야만 정확하게 이해를 한 것입니다. 만약 정확하게 이해하지 못한 경우에는 당연히 강의자나 발표자에게 질문해야 합니다. 그래야만 정확하게 배울 수 있고, 이런 배움이 쌓이면 나에게 필요한 방향으로 활용할 수 있게 되니까요.

자녀 교육도 투자수익률을 생각하자

많은 한국 부모님들께서 자녀 교육을 생각하면 떠올리시는 화두는 사교육일 겁니다. 영어유치원을 필두로 학년이 올라가면서 영어, 논술, 수학 등 거의 모든 과목에 대한 사교육이 존재하고, 매년 사교육에 지출하는 금액도 증가하고 있습니다.

2022년 말 기준으로 한 해 동안 총 26조 원이 사교육에 사용되었다고 하고, 이는 1년 전과 비교하여 11퍼센트나 증가한 수치입니다.[6] 사교육비 증가는 2022년 한 해만의 특징이 아니고 2007년 이후 교육부와 통계청이 사교육비 조사를 실시한 이래 지속적으로 보이는 패턴입니다.[7]

부모님들의 소득이 높으면 높은 대로, 낮으면 낮은 대로 모두 자녀 교육에 몰두하기 때문에 자녀 교육비를 생각하며 가정의 재정 형편이 넉넉하다고 느끼는 분들은 그리 많지 않을 것입니다.

2021년 통계청과 교육부 조사에 따르면 학생 1인당 월평균 사교육비는 가구의 월평균 소득이 200~300만 원인 경우 18만 원, 600~700만 원인 경우에는 44.4만 원으로 조사되었습니다. 가구별로 자녀가 한 명만 있는 경우로 월평균 가구소득이 세후라고 가정하더라도 매월 6퍼센트 이상의 가구소득이 자녀 교육비로 사용된다는 의미이지요.

현실적으로 소득세, 주택임대비용 등 각종 제반 지출을 제외한 가처분소득을 기준으로 한다면 자녀 교육비는 더 높은 비중을 차지하게 될 것입니다. 이런 국가 단위의 조사에서는 명확하게 드러나진 않지만 언론보도나 인터넷 카페 등에서 자녀 교육비로 가계 수입의 대부분을 사용하는 경우도 많이 보도되고 있습니다.[8]

근래 미디어에 자주 등장하는 '에듀푸어Edu Poor'라는 용어는 자녀 교육비 지출로 인하여 나머지 지출 소비에 압박을 받고 있는 가정의 상황을 나타냅니다. 실제로 한국교육개발원이 학부모를 포함한 전체 국민을 대상으로 매년 실시하는 교육여론조사(2020년)에 따르면, 초중고교 학부모는 자녀 사교육비의 부담 여부를 묻는 질문에 대해 94.3퍼센트가 부담된다('매우 부담된다' 51.3퍼센트, '다소 부담된다' 43.0퍼센트)고 응답하였습니다. 이는 우리나라에서 에듀푸어 비중이 적지 않다는 것을 의미하지요.

문제는 이런 교육 투자에도 불구하고 자녀들이 얻게 될 경제적 효과가 불확실하다는 건데요, 최근 통계청 발표에 따르면 4년제 대학교 졸업자의 취업률은 2012년 66퍼센트에서 꾸준히 감소하여, 2019년 63퍼센트 수준입니다.[9] 또 대학을 졸업하고 처음 직장에 취업하는 취업연령도 꾸준히 오르고 있습니다. 1998년 IMF 외환위기 당시에는 평균 25.1세, 2008년 글로벌 금융위기 때는 27.3세 그리고 2019년에는 30.9세로 매 10년마다 약 3년씩 증가하는 추세를 보이고 있습니다.[10]

이는 무엇을 의미할까요? 자녀 교육에 지출하는 금액은 늘고 있는데, 막상 자녀가 취업할 확률도 낮아지고 취업을 하는 연령도 높아지고 있어서 자녀 교육비 지출에 대한 투자수익률이 떨어지고 있다는 이야기겠지요.

이에 더하여 부모님들의 은퇴 시기나 점차 길어지는 수명을 생각한다면 자녀 교육에 올인하는 것이 얼마나 위험한 일인지를 깨닫게 됩니다. 우리나라 노인 빈곤율은 OECD 국가 가운데 최고 수준이고, 노인 자살률 또한 세계 최고입니다. 여러 연구 조사들이 공통적으로 지적하는 바, 한국의 부모님들은 자녀의 교육과 결혼 등 뒷바라지로 인해 노후준비가 늦고, 조기퇴직이라든지 공적연금의 늦은 시행 등으로 노후준비가 충분히 되지 못해 퇴직후 소득절벽에 직면하는 경우가 많습니다.

에듀푸어로 불리면서까지 온 가족이 고통을 감내하며 자녀 교육에 매진하면 결국 아이들에게 바라는 것이 생기게 되지요. '내가 이만큼 희생해서 어렵게 너를 가르치는데 성적이 이게 뭐냐'고 원망의 마음이 들 수도 있습니다. 이런 마음이 자녀와의 관계를 더 힘들게 만듭니다.

저도 어떤 방법으로 얼마나 자녀 교육에 매진해야 하는지 속시원히 대답해드리기가 어렵습니다. 다만 확실하게 말씀드릴 수 있는 건 자녀가 사회인으로 잘 자라는 것에 그다지 도움이 되지 않는 부담스러운 사교육은 지출할 필요가 없다는 것입니다. 효과가 없는 비싼 약을 군이 사 먹을 필요가 없는 것처럼요.

부모님께서 이런 판단을 내릴 수 있으려면 미래에 어떠한 사회에서 자녀들이 생활할 것인지, 어떠한 능력들이 필요할지, 그 능력을 지금 키우기 위해서 내가 직접 혹은 사교육을 통해서 무엇을 도와줄 수 있는지 먼저 배워야 합니다. 무턱대고 자녀를 사교육 교실로 밀어 넣을 것이 아니라, 부모가 먼저 미래의 경제 환경에 대해 공부하고 우리 아이 적성에 무엇이 맞는지, 그래서 무엇이 최선의 선택일지 가늠해보는 시도가 우선되어야겠습니다.

성적보다 건강

단순히 공부만 잘 하는 것이 자녀 교육의 결승선이라고 할 수 없습니다. 부모는 누구든 자녀들이 좋은 일자리를 잡아 사회에 잘 적응하고 인생에 큰 굴곡 없이 순탄하게 살기를 바랄 것입니다. 사회가, 그리고 일자리의 지형도가 급격하게 변화하는 와중에도 한 사회의 구성원으로 살아야 하는 자녀들을 위해서 반드시 새겨야 할 것이 있습니다. 이런 기본적인 요소들은 시대가 변해도 변하지 않습니다.

부모님들께 말씀드리고 싶은 가장 중요한 기본은 바로 건강입니다. 자녀가 육체와 정신의 '체력'부터 키우도록 도와주시라는 부탁입니다. 아무리 지력이 좋은 사람이라도 건강이 받쳐주지 않으면 제대로 실력을 발휘할 수도 없고 건강한 사회생활도 불가능합니다. 안타깝지만 한국 아이들은 이미 육체적 정신적 건강에 큰 위협을 받고 있습니다.

최근 〈이코노미스트〉지의 조사에 따르면 한국의 스무 살 성인들 가운데 95퍼센트 이상이 근시이며, 대만과 싱가포르는 이보다 다소 낮은 80퍼센트 정도가 근시라고 합니다. 근시는 야외에서 충분히 햇빛을 보면 막을 수 있지만, 동아시아 국가에 사는 사람들은 청소년기 동안 야외활동 대신 실내에서 공부에 매달리는 시간이 많기 때문이라고 진단합니다.[11]

부모님들께 말씀드리고 싶은 가장 중요한 기본은 바로 건강입니다. 자녀가 육체와 정신의 '체력'부터 키우도록 도와주세요.

비만도도 마찬가지입니다. 질병관리청에 따르면 2021년 현재 중학교 1학년 남학생의 16퍼센트, 여학생의 7퍼센트가 비만으로 보고되고 있습니다. 학년이 올라갈수록 비만도도 증가하여 고등학교 3학년인 남학생의 경우 19퍼센트, 여학생은 13퍼센트가 비만입니다. 비만 청소년 비율은 2010년 대비 약 두 배가량 높아진 수치입니다. 2010년에만 해도 중학교 1학년 남학생의 7퍼센트, 여학생의 3퍼센트만이 비만이었고, 고등학교 3학년의 경우에도 남학생 7퍼센트, 여학생 5퍼센트 수준에 불과했습니다. 즉 우리 청소년들이 중장기적으로 건강상 큰 위해를 가져올 수 있는 비만의 위험에 노출되어 있고, 시간이 지남에 따라 나아지는 것이 아니라 오히려 점점 더 악화되고 있음을 알 수 있습니다.

정신 건강은 더 우려되는 상황입니다. 2021년 조사된 아동청소년 인권실태조사에 따르면 학생들이 느끼는 불안, 우울, 무력감이

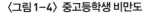

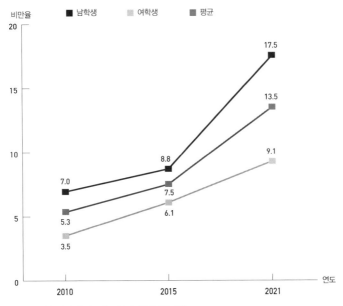

〈그림 1-4〉 중고등학생 비만도

(단위: 퍼센트)

비만율 ■ 남학생 □ 여학생 ■ 평균

출처: 〈청소년건강행태조사〉, 질병관리청(통계청 제공)
2017년 소아청소년 성장도표 연령별 체질량지수 기준 95 백분위수 이상인 사람의 분율
체질량지수(BMI)=체중(kg)/[신장(m)]^2

상당하다는 결과가 나왔는데요, 〈표1-3〉에서 보듯이 초등학생에게 불안한 적이 있는지를 묻자 20퍼센트가 '그렇다' 혹은 '매우 그렇다'고 대답했습니다. 그리고 이 수치는 고등학생이 되면 무려 36퍼센트까지 치솟게 됩니다.

'외롭다'라고 느끼는 정도나 '우울하다'고 느끼는 정도 역시 불안감과 유사한 수준입니다. 아이들이 스스로를 가치 있는 사람이라고 여기지 않는다는 비율이 20퍼센트를 넘기도 했습니다. 본

(단위: 퍼센트)

	초등 학생	중 학생	고등 학생	성적: 상	성적: 중	성적: 하
외로운 적이 있다	21.2	35.5	38.1	25.1	31.0	43.5
불안한 적이 있다	20.3	30.1	35.8	23.8	27.9	38.2
우울한 적이 있다	20.2	34.1	39.3	25.3	30.0	43.1
가치 있는 사람이라 생각하지 않는다	25.7	21.6	23.6	16.6	24.6	32.9
장점을 많이 가지고 있지 않다고 생각한다	23.2	31.2	32.3	18.0	29.9	44.3
자랑스러워할 만한 것이 별로 없다	21.1	32.5	36.1	17.7	30.4	48.0

출처: 〈아동청소년인권실태조사〉, 한국청소년정책연구원

인이 장점을 많이 가지고 있는지를 묻는 질문에서도 초등학생의 23퍼센트, 고등학생의 32퍼센트가 '그렇지 않다'고 대답했습니다. 스스로 자랑스러운지를 묻는 질문에도 36퍼센트의 고등학생들이 '그렇지 않다'고 답을 했습니다.

그런데 특히 가슴 아픈 부분은 성적이 좋지 않을수록 이런 부정적인 감정들이 더 많이 나타난다는 점입니다. 성적이 상위권에 속하는 학생 중에는 18퍼센트만이 스스로 '자랑스럽지 않다'고 답했지만, 중위권 학생의 30퍼센트, 하위권 학생의 약 절반인 48퍼센트가 '자랑스럽지 않다'고 답했습니다.

오늘날의 사회경제 상황을 고려해보면 초중고 성적이 높지 않더라도 성인이 되었을 때 좋은 직업을 갖고 생활할 수 있는 새로운 길은 많이 열리고 있습니다. 이런 기회를 잡으려면 스스로에 대한 가치를 인정하고 자존감을 높게 가져야 하는데, 초중고 시절에 학업 성적이 낮은 아이들은 자존감조차 낮아졌다는 통계를 보니 안타까움과 우려가 교차합니다.

한국의 학교에서는 이른바 공부를 못하는 학생은 선생님의 관심 밖으로 밀려나고, 친구들 사이에서도 인정받지 못하는 데다가, 가정에서마저 부모님의 걱정거리로 취급받기 일쑤지요. 이런 환경에서 20년을 보내게 되면 '공부도 못하는데 자존감조차 낮은' 어른이 되기 쉽습니다.

2011년 이후 현재까지 한국의 9세에서 24세에 해당하는 청소년의 사망원인 1위는 자살입니다.[12] 또한 〈표1-4〉가 보여주듯이 질병관리청에 따르면 자살과 밀접한 관련성을 보이는 심각한 우울감(최근 12개월 동안 2주 내내 일상생활을 중단할 정도로 슬프거나 절망감을 느낀 적이 있는 경우)을 경험한 학생들이 중학생 중 26퍼센트, 고등학생 중 28퍼센트에 이르고 있습니다. 여학생이 남학생에 비해 더 우울감을 많이 느끼고 있으며, 학년이 올라갈수록 우울감을 느끼는 학생들의 비율이 남녀 모두 증가하였습니다.

〈표1-4〉 중고생 우울감 경험률 (2021년)

(단위: 퍼센트)

	중학생	고등학생	중1	중2	중3	고1	고2	고3
총계	25.9	27.7	23.8	26.0	28.1	26.7	27.7	28.5
남학생	21.7	23.1	19.3	21.9	24.2	21.8	23.8	23.7
여학생	30.4	32.5	28.5	30.4	32.3	32.0	32.0	33.6

출처: 〈청소년건강행태조사〉, 질병관리청

부모님들 가운데에는 대학입시가 끝나면 괜찮을 거라고 생각하는 분도 계시겠지만, 현실은 그렇지 않습니다. 한국교육개발원이 2021년 4월에 발표한 통계에 따르면 20대 청년 가운데 평균 이상의 우울감을 느끼는 사람의 비중이 25퍼센트가 넘습니다. 앞서 살펴본 고등학교 3학년 학생들의 우울감 비율 28.5퍼센트와 크게 차이가 나지 않는 수치입니다.

　대입을 준비하는 자녀들이 얼마나 심한 스트레스를 받는지에 대해서는 부모님들이 대부분 잘 인지하고 있습니다. 하지만 대학에 들어간 뒤 성인이 된 자녀들이 고민과 스트레스를 겪는지에 대해선 모르는 경우가 꽤 많다고 합니다. 대학에서 학점을 잘 받는 것도 만만치 않은 일이지만, 무엇보다 취업에 대한 걱정도 이만저만이 아닙니다. 치열한 경쟁을 뚫고 대학교에 들어갔지만, 학업, 진로, 취직과 관련해서 한 치 앞이 보이지 않고 어디서 도움을 받아야 할지도 모르는 상황에 처하기도 합니다.

　이런 상황에서는 자칫하면 무력감, 자기비하, 우울증에 빠지기 쉽지요. 특히 집에서 독립해서 생활하는 경우, 부모님들께서 자녀의 현재 상황을 그때그때 확인할 수 없으니 자녀가 정신적인 고통에 방황할 때 즉각적인 도움을 주지 못합니다.

　지금까지 열거한 각종 조사의 결과가 부모님들께 꽤 엄중한 의미를 전달하고 있습니다. 자신에 대한 부정적인 감정이나 우울감을 느끼는 아이들은 외부에서 오는 자극이나 충격에 취약합니다. 이른바 '유리멘탈'이 되지요.

　유리멘탈은 정신 건강의 측면에서 중요한 문제일 뿐만 아니라,

자신에 대한 부정적인 감정이나 우울감을 느끼는 아이들은 외부에서 오는 자극이나 충격에 취약합니다. 이른바 '유리멘탈'이 되지요.

아이들의 지적 성장과 미래의 직업을 계획하는 측면에서도 중대한 문제를 일으킵니다. 왜냐하면 유리멘탈인 사람들은 자신의 현황을 객관적으로 평가하고, 외부의 피드백으로 알게 된 자신의 부족한 부분을 보완하는 환류 과정을 성공적으로 겪지 못하기 때문입니다. 스스로 배우고 발전하는 데 원천적으로 핸디캡을 갖기 때문에 새로운 세상에서 새로운 기회를 만나더라도 이를 잡아채서 일어날 가능성이 희박해진다는 겁니다.

자녀가 공부를 잘 하는지 못하는지를 판단하시기 전에, 내 아이의 자존감이 튼튼한지, 스트레스를 지나치게 받는 것은 아닌지를 먼저 살펴봐주시면 좋겠습니다. 청소년기 아이들에게는 혼자 해결하기 어려운 문제에 맞닥뜨렸을 때 이를 의논하고 같이 문제를 해결하는 조력자의 존재가 정말로 절실합니다. 그런 조력자의 제일 첫 번째 자리에 부모님이 계셔야 하지 않을까요. 부모님의 역할과 책임이 자녀의 미래를 위해서 얼마나 중요한지 생각해보셨으면 합니다.

'유리멘탈'이라는 병

공부를 잘하면, 다시 말해 학업 성취도만 높으면 사회에 잘 적응할 수 있을까요? 다년간 학생들을 지도하면서 반드시 그런 건 아니란 걸 알게 되었습니다. 자녀들이 사회인으로서, 그리고 직업인으로서 능력을 인정받기 위해서 갖추어야 할 것은 특정 업무에 대한 전문지식만으론 절대 끝나지 않습니다. 그보다도 더욱더 절실히 요구되는 게 있지요.

바로 일을 제대로 수행할 수 있는 체력과 정신력, 고객 및 동료와의 원활한 커뮤니케이션 능력, 필요한 사람들과의 네트워크 형성 및 관리, 문제 상황에서 건설적인 해결책을 찾아내는 창의력과 유연성, 한계 상황에서도 자신과 팀을 지킬 수 있는 스트레스 관리능력, 실패를 겪더라도 좌절하지 않고 다시 도전하는 의지입니다. 이런 조건이 평균 이상일 때 업무에 대한 전문지식은 더욱 빛나게 됩니다.

그런데 한국의 입시 위주 교육에서는 아이들이 이런 기본적인 능력을 기를 수 있도록 체계적으로 배우는 것이 불가능합니다. 오히려 우리 교육은 아이들이 각종 평가와 시험에 대해 안달하도록 만드는 시스템이기 때문에 실수 하나에도, 작은 실패에도 쉽게 좌절하고 일어서지 못하는 유리멘탈인 아이들을 만들어내고 있습니다.

지나친 입시경쟁으로 인해서 친구 간의 우정이나 협업을 경험하고 어떻게 하면 모두에게 더 이로운 결과물을 낼지 직접 체험하며 배우는 기회를 주지 못하고 있습니다. 주어진 답을 도출하기 위한 문제풀이식 교육과 평가가 이루어지기 때문에, 대학에서나 현실에서 스스로 무엇이 문제인지 진단하고, 그 문제를 해결하기 위한 답을 찾아내는 과정에서 많은 젊은이들이 앞으로 더 나아가지 못하고 이내 포기하곤 합니다.

발전을 위해서 자신의 현재 상태가 어떤지 다른 사람들에게서 피드백을 받고 스스로 개선하려는 노력이 필요하지만, 제가 만난 적지 않은 수의 한국 젊은이들은 피드백을 구하지도 않고, 설령 피드백을 받더라도 개인적인 인신공격으로 오해하거나, 100퍼센트 칭찬이 아닌 경우에는 좌절하기도 합니다.

이런 능력은 하루아침에 길러지는 것이 아닙니다. 어릴 때부터 쌓아가야 합니다. 체력을 증진시키기 위해선 우선 규칙적인 운동과 좋은 식습관을 길러 적정한 체중과 근육량을 가지고 건강하게 생활하는 것이 기본입니다. 요즘 세상에는 입에서는 천상의 맛이 나지만 몸에는 결코 좋지 못한 음식들이 넘쳐납니다. 한국의 교육환경에서 아이들에게 운동할 수 있는 충분한 시간과 조건은 주어지지 않습니다. 부모님들께서 아이들이 건강하게 생활할 수 있는 습관을 의식적으로 길러주지 않으면 환경에 휩쓸려 건강을 잃기 쉽습니다.

더불어 정신적인 체력도 길러야 합니다. '이 정도면 나는 꽤 괜찮은 사람이야'라는 느낌, 즉 자신을 사랑하는 마음(자존감 혹은 자아존중감)을 가져야 외부에서 어려운 도전을 받더라도 무너지지 않고 헤쳐 나갈 방법을 찾을 수 있습니다.

부모님들께서 자녀가 어떠하든 간에(성적이 좋든 나쁘든) 자녀가 느낄 수 있는 방식으로 사랑을 표현해주는 것이 기본입니다. 그런 다음 자녀들이 단계별로 새로운 도전에 대응해가면서 어떻게 도전에 대응할지를 직접 경험하고, 이 과정에서 쌓은 성공의 경험들, 실패로 배운 교훈들을 종합하여 스스로의 실력을 늘려갈 수 있어야 합니다.

이런 과정들이 전제되어 다양한 기초 능력이 어느 정도 탄탄히 준비되었다면 이때부터 부모님들께서는 아이들이 직업인으로서 능력을 발휘할 수 있도록 준비하는 데 도움을 주시면 됩니다.

일자리 지형 변화와 취업

PART 2

대 한 민 국 의 ◆ 학 부 모 님 께

변화는 우리가 생각하는 것보다
더 빠르게 진행되리라 예상합니다.
여러분의 자녀들이 사회에 진출할 무렵에는
동년배인 사람과 일자리를 두고 경쟁해야 하는 게 아니라,
인공지능으로 무장한 로봇 또는 프로그램과도
경쟁해야 하는 실정입니다.

다시 말해서, 자녀가 취업을 하기 위해서는
입사하고자 하는 기업에
'인공지능 서비스를 사용하는 것보다,
자신을 고용하는 것이 어떠한 면에서 유리한 일인지'를
명확하게 설명하고 납득시켜야 하는
세상이 온다는 얘기지요.

인공지능의 영향력은
어디까지일까?

앞으로 일자리가 어떻게 변할지에 대해서 이야기하려면 인공지능을 먼저 이해해야 합니다. 마이크로소프트사는 오픈형 인공지능인 챗GPT의 개발사인 오픈AI에 1조 이상의 돈을 투자한 데 이어 추가로 12조 이상을 투자할 것을 논의하고 있습니다.[13] 이세돌 9단과 바둑대결로 인공지능 기술의 발전을 전 세계인들에게 확실하게 각인시켰던 알파고의 여운이 채 가시지도 않았는데, 기업과 정부의 막대한 투자 속에서 인공지능 기술은 나날이 발전하고 있습니다.

영화를 비롯해서 각종 매체에서는 연일 인공지능 AI Artificial Intelligence의 미래에 대해서 이야기합니다. 인공지능은 인간의 삶을 이롭게, 혹은 위태롭게 할 우리의 미래로 여겨지고 있기 때문입니다.

하지만 어쩌면 사무직에 종사하는 부모님들은 감이 잘 잡히지 않으실 수도 있습니다. '인공지능'이란 말을 많이 들어봤지만, 그것이 무엇인지 정확히 모르겠다는 반응도 있을 것입니다. 어떤 것인지 정확히 모르기에, 앞으로의 일자리 변화에 어떤 영향을 줄지 가늠하기 어렵고, 내 아이들을 어떻게 준비시켜야 할지도 가늠하기 어렵습니다.

이런 개념상의 혼란은 부모님들만의 문제는 아닙니다. 실제로 학자들 사이에도 인공지능의 정의가 정확히 하나의 개념으로 정립되어 있지 않습니다. 그 이유는 인공지능이 오랫동안 다양한 전공 분야에서 다각도로 연구되어왔기 때문이기도 하고, 학자들마다 '지능'을 어떻게 정의할지에 대한 의견이 다르기 때문입니다.

여러 가지 정의들 가운데 저는 닉 폴슨과 제임스 스콧이 저술한 책 《수학의 쓸모(한국판 제목, 원 제목은 'AIQ, How People and Machines are Smarter Together')》에서 내린 정의를 가장 좋아합니다. 두 저자는 인공지능은 알고리즘이며, 알고리즘이란 컴퓨터같이 명령을 그대로 따르는 존재들조차도 따라할 수 있도록 명시적으로 설계된 단계별 지시문step-by-step instructions이라 하였습니다.[14]

결국 우리가 통용하는 인공지능이란 여러 종류의 알고리즘을 해결하려고 하는 문제와 상황에 맞게 잘 배합한 결과물이고, '잘 배합했다'란 뜻은 같은 상황에서 인간과 같이 지적 능력이 높은 존재가 보여줄 해결책과 유사한 결과물을 인공지능이 만들어낸다는 의미입니다. 인공지능이 로봇이라는 외형을 갖추면 물리적인 힘을 직접 행사할 수 있고, 컴퓨터 소프트웨어의 형태로 존재

한다면 별도의 외관 없이도 컴퓨터나 스마트폰 등의 디바이스를 통해서 사람에게 서비스를 제공하게 됩니다. 따라서 인공지능 기술은 인간의 개입을 줄이는 자동화와 불가분의 관계를 갖게 되며, 이런 의미에서 보자면 제조업 공정의 조립 로봇도 인공지능 기술의 범주에 포함될 수 있겠지요.

우리가 인식하든 그렇지 않든 간에 기계, 컴퓨터, 알고리즘을 이용한 자동화 기술이 인간의 노동을 대체해온 역사는 결코 짧지 않습니다. 산업혁명 이후 진행되어온 자동화 기술은 비교적 정형화하기 쉬운 작업들에 적용되었는데요. 트랙터 등 농업 기계를 이용하여 경작에 필요한 인력을 줄이거나, 건설현장에서 굴착기를 이용하여 여러 사람이 해야 할 일을 단시간에 기계 한 대로 끝낸다거나, 제조업 공장에서 산업기계를 이용하여 자동차를 조립하는 일 등이 이에 해당합니다.

1970년대 자동차 생산 공정의 완성차 조립 단계에서는 수많은 근로자가 공구를 들고 작업을 하였습니다만, 지금은 산업용 기계가 자동으로 조립을 담당하기 때문에 근로자들이 거의 개입하지 않습니다. 테슬라의 경우는 이보다 한발 더 나아가서 중국에 자동차 공장을 건설하면서 조립 공정을 전자동화한 것으로 잘 알려져 있습니다.

전 세계 국가 중에서 한국은 자동화 기술 도입에 매우 적극적인 나라입니다. 〈그림2-1〉은 2005년과 2015년에 각국 경제 생산 활동에서 사용하고 있는 로봇의 수를 근로자 수로 나눈 비율을 보여줍니다. 2005년을 기준(네모로 표시된 숫자)으로 로봇 비중이 낮은 나라에서 높은 나라를 순서대로 배열했습니다.

〈그림 2-1〉 국가별 근로자 1천 명당 도입된 로봇의 수[15]

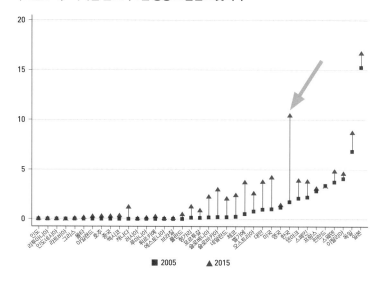

■ 2005   ▲ 2015

　당시 로봇 도입률이 가장 높은 나라는 일본으로, 근로자 1천 명
당 약 15대의 로봇을 사용하고 있었고, 2위는 독일로, 근로자 1천
명당 약 일곱 대의 로봇을 사용하고 있었습니다. 한국은 2005년
기준 9위에 랭크되어 있습니다. 그런데 눈여겨보아야 할 점이 있
습니다. 바로 2005년과 2015년 사이의 변화입니다.

　그림에서 세모로 표시된 숫자는 2015년 산업에서 사용된 로봇
의 비중이고, 화살표로 표시된 선은 2005년 대비 2015년의 로봇
사용 비중의 증가분입니다. 화살표의 길이가 길수록 이 기간 중
로봇에 대한 의존도가 급격히 늘어났음을 의미합니다. 거의 대부
분의 나라에서 2015년의 로봇 비중이 2005년에 비해 높기는 하

지만, 가장 눈에 띄는 변화를 보인 나라는 바로 우리나라, 한국입니다. 2005년 대비 2015년의 로봇 사용 비중 증가율은 한국이 세계 1위이며, 2015년 현재 일본에 이어 로봇 비중이 세계 2위를 차지하고 있습니다.

무인화를 위한 기술이 발달하여 로봇이 사람의 노동력을 대체하는 현상은 제조업을 넘어서 서비스업에까지 확장되고 있습니다. 모두 알다시피 은행의 ATM기, 패스트푸드 음식점의 주문형 키오스크와 무인결제 시스템은 이미 광범위하게 사용되고 있지요. 식당에서 주방과 손님 사이를 오가며 음식을 나르는 서빙 로봇의 도입도 2019년 50대에서 2021년 2,100대로 늘어나, 3년 만에 4,100퍼센트라는 급격한 성장세를 보였습니다.[16]

그런데 이런 인공지능의 발달이 제조업이나 블루칼라 직군에만 계속 적용될까요? 인공지능 기술은 하루가 다르게 발전하고, 최근 20년 동안 산업에서 데이터 축적과 처리 능력이 폭발적으로 증가해 이제 인공지능 기술은 고소득 전문직 서비스의 영역에까지 도입되기 시작했습니다.

MRI 자료를 읽고 의학적 판단을 내릴 수 있는 의료 전문 프로그램, 알고리즘을 활용하는 퀀트 트레이딩, 그 외에도 법률, 회계, 세무 등 다양한 분야에서 인공지능 서비스가 도입되고 있습니다. 이와 관련해서 세계적으로 파장을 일으킨 사례를 앞선 장에서 소개했습니다. 바로 골드만삭스 사건과 일본의 보험회사 정리해고 건입니다.

일본의 한 보험회사는 2017년 보험료 계산이 가능한 인공지능

시스템을 도입하면서 서른네 명의 직원을 해고했는데, 시스템에 투자한 비용이 그해에 절감된 인건비와 같았다고 합니다. 즉 해당 회사는 이후 보험계리업무에 인건비를 지출하지 않게 되었고, 절감된 비용도 상당하여 2년차부터 바로 투자 수익을 거두게 되었습니다.[17] 보통 사람들이 선호하는 변호사, 회계사, 금융투자자 같이 고소득을 보장하는 전문직 직종도 자동화와 인공지능의 물결에서 안전하지 않다는 뜻이기도 하고요.

이런 변화는 우리가 생각하는 것보다 더 빠르게 진행되리라 예상합니다. 여러분의 자녀들이 사회에 진출할 무렵에는 동년배인 사람과 일자리를 두고 경쟁해야 하는 게 아니라, 인공지능으로 무장한 로봇 또는 프로그램과도 경쟁해야 하는 실정입니다. 다시 말해서, 자녀가 취업을 하기 위해서는 입사하고자 하는 기업에 '인공지능 서비스를 사용하는 것보다, 자신을 고용하는 것이 어떠한 면에서 유리한 일인지'를 명확하게 설명하고 납득시켜야 하는 세상이 온다는 얘기지요.

인공지능으로 대체될 업무

경제학자들은 업무를 보통 두 가지 기준에 따라 총 네 가지로 구분합니다. 하나의 기준은 물리적인 힘이 필요한지 여부로, 이에 따라 육체노동 업무와 정신노동 업무로 구분합니다. 이른바 블루칼라 혹은 화이트칼라로 일컬어지기도 하지요.

또 다른 기준은 '업무가 얼마나 예측 가능한가'로 구분하는 것인데, 일상적이고 반복적인 업무와 그렇지 않은 업무로 나눌 수 있습니다. 반복적이고 일상적인 업무란 사전적으로 매뉴얼이 잘 준비되어서 사람이 그 매뉴얼에 따라 작업하면 무난히 처리되는 업무로 보시면 됩니다. 반면 반복적이고 일상적이지 않은 업무란 고객에 따라서, 상황에 따라서, 시간에 따라서 그에 맞게 탄력적으로 대처해야 하는 업무들입니다.

이 두 종류의 기준을 조합하여 업무를 통상적인 블루칼라 직

물리력(힘) 필요 여부

	○	×
통상적인 작업 여부 ○	통상적인 블루칼라 직업	통상적인 화이트칼라 직업
×	역동적인 블루칼라 직업	역동적인 화이트칼라 직업

업, 통상적인 화이트칼라 직업, 역동적인 블루칼라 직업, 역동적인 화이트칼라 직업, 총 네 가지로 나누게 되는 것이지요.

이 구분을 먼저 설명한 이유는 물론 인공지능 때문입니다. 인공지능 기술은 육체노동이든 정신노동이든 가리지 않고, 반복적이면서 일상적인 업무를 사람에 비해 아주 잘 처리할 수 있습니다. 벽돌을 쌓는 일은 도면에 따라서 벽돌을 쌓고 접착제를 바르는 반복적인 육체노동 업무지요. 이런 업무에 대해서는 이미 인공지능 기술, 3D프린팅 기술이 개발되어서 활용되고 있습니다. 자동차 조립공정에서도 인간의 노동 없이 조립 로봇만으로 차를 생산하고 있습니다.

마찬가지로, 사전에 결정된 법률과 지침에 따라서 고객들에게 안내해주거나, 회사의 지출항목을 회계 기준에 따라 분류하고 처리하는 일은 반복적이고 일상적인 정신노동입니다. 이런 업무를 사람 대신 하는 챗봇이나 회계 처리 소프트웨어가 이미 미국 등 주요 국가에서는 상용화되어 사용 중입니다.

반면 업무 내용이 불확실하고 고객이나 시간에 따라 수행해야 하는 역할이 변하는 다이내믹한 산업환경에서는 인공지능 알고리즘이나 자동화 기술이 제대로 작동하기 어렵습니다. 또 통상적인 업무라 하더라도 기존 정보, 즉 데이터가 불충분하거나 그 질이 떨어질 때는 애초에 잘 작동하는 알고리즘을 만들기가 불가능합니다. 기술적으로 자동화, 인공지능의 활용이 가능하다고 하더라도 모든 업무가 자동화되지는 않습니다. 현실에서 상업적으로 사용할 만한 인공지능 프로그램을 도입하려면 초기비용이 상당히 많이 필요하기 때문입니다.

인공지능으로 개발된 상품의 수요가 많거나, 높은 가격으로 팔 수 있어야 인공지능을 개발하는 기업 입장에서도 수익이 발생하고, 따라서 개발된 인공지능 기술을 오랫동안 많은 소비자(기업)들에게 판매를 할 수 있는 경우에만 기술 개발을 하게 됩니다. 그렇지 않으면 개발 비용도 회수하지 못하게 되니까요. 이런 특성을 잘 살펴보면 어떤 일자리가 인공지능 기술로 인해 위협을 받게 될지 예측하는 데 도움을 받을 수 있습니다.

하나의 일자리는 보통 여러 가지 업무들로 구성되어 있습니다. 인공지능이 아주 잘 해낼 수 있는 업무를 주로 담당하기 위해 어떤 일자리가 존재한다면 그 일자리는 조만간 인공지능으로 대체될 것입니다. 하지만 인공지능이 잘 해내기 어려운 업무나, 혹은 인공지능 기술발전에 필수적인 업무가 주요 업무라면 그 일자리는 인공지능이 발전함에 따라 보수, 일자리 수 등의 측면에서 더 발전할 가능성이 높습니다.

예를 들어보겠습니다. 저는 '교수'라는 일자리를 가지고 있지요. 제 업무는 대략 학술연구, 강의, 학생 논문지도, 행정처리, 대외 자문 등 여러 가지로 분류할 수 있습니다. 제 업무 중에서 기초교과목 강의는 일상적인, 즉 반복적인 업무입니다. 매 학년 입학하는 학생들에게 기초적인 통계 지식이나 경제학 지식을 가르치는 업무이기 때문인데요, 이런 기초지식은 1~2년 안에 빠르게 변화하지 않습니다. 반면 경제학 최신 논문을 배우고, 학생들에게 논문 작성을 가르치는 강의는 각 학생들마다 원하는 진로가 다르고 관심 사항이 다르기 때문에 일상적이거나 반복적이지 않은 업무입니다.

또 한국뿐만 아니라 전 세계적으로 대학교육에 대한 수요는 충분합니다. 따라서 기초교과목 강의는 자동화로 충분히 대체가 가능한 업무입니다. 구체적으로 강의에 특화된 강의 전문가들이 기초적인 교과 내용을 사전에 녹화하여 온라인 강의로 제공하고, 학습이 제대로 되었는지 여부를 인공지능 기술을 이용하여 평가하거나 학생들에게 문제 풀기를 연습시키면 되기 때문입니다. 이런 서비스는 이미 '코세라coursera'와 '유데미Udemy' 등을 통해서 제공되고 있습니다.

이 서비스가 현재 한국의 대학교육 시스템이나 공교육 시스템에 도입된다면 기초 강의에 대한 수요는 떨어지고, 대신 학술연구와 학생 개별지도에 대한 수요가 늘게 될 것입니다. 이런 경우에는 강의만을 전담하는 교원은 더 이상 일자리를 유지하거나 새로 일자리를 구하기 어렵게 됩니다. 하지만 연구와 학생지도에 특화된 전문가들에 대한 수요는 늘어날 테지요.

인공지능으로 어떤 일자리가 사라지고 어떤 일자리가 새로 창출될지를 학술적으로 엄밀하게 연구하기는 어렵습니다만, 부모님들께서 알아두시면 좋을 몇 가지 보고서 내용을 소개하겠습니다. 2013년 옥스퍼드대학교 마틴스쿨의 프레이와 오스본Frey and Osborne 연구팀은 인공지능이 어떤 일자리들을 대체할 것인지에 대한 논의를 처음 제시하였습니다.[18]

이들의 전망에 따르면, 텔레마케터와 세무사는 향후 10년에서 20년 사이에 거의 대부분 인공지능으로 대체될 것으로 예상하고 있으며, 반면 놀이치료사나 의료복지사는 인공지능으로 대체될 확률이 거의 없을 것으로 보고 있습니다.

이후에 보다 정밀한 연구들이 나오고 있는데요, OECD 소속인 네델코스카와 퀸티니Nedelkoska and Quintini 연구팀은 32개 OECD 국가에서 인공지능에 의하여 대체될 가능성이 70퍼센트 이상인 고위험군 직업은 14퍼센트, 인공지능 대체가능성이 50퍼센트에서 70퍼센트 사이인 중위험군의 직업은 약 32퍼센트로 전망하였습니다.[19] 이들은 인공지능을 이용한 자동화 기술이 주로 저학력이나 기초적인 업무를 요하는 직종—제조업, 농업, 일부 서비스업(우편·배달업, 수송업, 요식업 등)—에 큰 영향을 미치고, 전문적 훈련이나 고등교육을 요하는 직종은 영향을 크게 받지 않는다고 보고하였습니다.

한국의 산업에서 인공지능의 발달로 대체될 일자리를 연구한 자료도 있습니다. 우리나라 전체 일자리의 55~57퍼센트가 향후 기술 발달로 인공지능으로 대체될 가능성이 높은 고위험군으로 보고되고 있습니다. 특히 2018년 LG경제연구원이 발표한 보고서[20]에 따르면 사무직 종사자, 장치 기계 조작 및 조립 종사자, 온라인 판매업 종사자, 관세사, 회계사, 세무사 등을 가리켜 인공지능으로 대체될 가능성이 높다고 전망하였습니다.

한편 새로 창출된 직업들과 관련해서 〈맥킨지보고서〉[21]는 2030년까지 소프트웨어 엔지니어, 웹 개발자 등 IT 관련 일자리는 2천~5천만 개, 가사 서비스 분야는 5천~9천 개, 헬스케어 산업은 8천~1억 3천만 개, 소비재 건강교육 분야에서는 3억~3억 6,500만 개의 일자리가 새로 창출될 것이라 예측하였습니다.

2018년 〈세계경제포럼보고서〉[22]에서도 데이터분석가, 인공지능·머신러닝 전문가 등의 기술 전문가와 판매 및 마케팅 전문가, 훈련 및 개발 전문가 등 비인지적 능력이 강조되는 직군에 대한 인력 수요가 늘어날 것으로 전망하고 있습니다.

새로운 산업이 펼쳐지는 이 시대에 자녀의 장래를 지키기 위해서 부모님들께서는 무엇을 어떻게 판단해야 할까요? 인공지능에 영향을 받지 않거나, 혹은 앞으로 수요가 늘어갈 업무에 장차 자녀가 전문가로 기여할 수 있도록 미리 파악해야 합니다. 어느 직종이 유망한지는 빠르게 시시각각 변하기 때문에 사전에 예측하기 쉽지 않습니다. 그럼에도 인공지능, 자동화기술이 대체하기 어려운 환경―기존의 경험이 쌓이지 않고 정형화된 데이터가 없는 산업환경―에서 상황에 맞는 올바른 의사결정을 내릴 수 있는 창의적인 해결 능력, 그리고 다이내믹한 사회경제 환경에서 유연하게 대처해나갈 수 있는 지적, 감정적, 육체적인 실력을 길러야 합니다.

더불어 인공지능 알고리즘보다 사람의 필요를 빠르고 정확하게 파악하고, 서로에게 도움이 되는 솔루션을 도출해 나가도록 설득하는 커뮤니케이션 능력도 필요합니다. 이런 능력이 구비된다면 어떤 분야에 진출한다고 해도 여러분의 자녀를 채용하려는 기업이 반드시 있을 것이고, 최소한 알고리즘과 로봇 때문에 일자리를 잃는 일은 없으리라 예상할 수 있습니다.

글로벌 정세 변화

한국은 대외무역 의존도가 높은 국가입니다. 대외무역 의존도가 높다는 의미는 국제 정세 변화에 따라 한국 경제와 한국인의 생활이 크게 영향을 받는다는 의미입니다. 최근에는 미중 패권경쟁, 러시아-우크라이나 전쟁으로 인한 석유, 곡물 및 각종 원자재 가격 상승, 유로 지역의 에너지 수급 문제 등 세계 경제의 위험요소가 끊임없이 발생하고 있어 당분간 한국의 거시적인 경제 상황은 긍정적이지 않습니다.

특히 트럼프 대통령이 본격화한 중국 견제 움직임은 바이든 대통령이 집권한 이후에도 계속되고 있습니다. 2021년 3월에 발간된 〈국가안보전략 잠정지침Interim National Security Strategic Guidance〉이나 2022년 2월에 발표된 〈인도태평양전략Indo-Pacific Strategy보고서〉 모두 일관되게 중국, 러시아 등에 맞서 미국의 글로벌리더십 복원을 전략 목표로 삼고 있으며, 민주주의 강화뿐만 아니라 신기술, 보건, 환경, 사이버 공간, 우주 등 다양한 분야에서 국제규범을 적극적으로 설정해나가겠다는 의지도 천명하였습니다.[23]

특히 중국에 대한 미국의 견제는 특정 정당의 어젠더가 아니라 패권국가로서의 미국의 입지를 유지하기 위한 대응인 만큼 중장기적으로 지속되겠지요. 궁극적으로 중국을 글로벌 생산과정(혹은 글로벌 서플라이체인)에서 배제하고, 독자적인 생산시스템을 구축하는 것을 목표로 하고 있을 테니까요. 미국 중심의 글로벌 생산과정 재편에 맞추어 최근 한국의 주요 재벌기업들은 줄을 이어 미국 내 생산시설 투자를 약속하고 있는 상황입니다.

이런 대외 환경의 변화는 반도체 등 대중 수출과 수입이 막대한 한국 경제에, 그리고 한국의 근로자와 소비자에게 위험요소로 작용할 가능성이 높습니다. 한국이 중국에 수출하는 물품들은 대부분 중국이 미국 등 다른 국가에 수출할 물건에 들어가는 중간재입니다. 미중 갈등처럼 패권 다툼으로 인해 중국에 대한 견제가 시작되면 결국 중국의 수출도 한풀 꺾일 수밖에 없습니다. 그러면 한국이 수출하는 중간재에 대한 수요가 줄어들어 한국의 수출도 타격을 입게 될 테고, 이에 종사하는 근로자들도 큰 영향을 받게 될 것입니다.

화물트럭뿐만 아니라 디젤 승용차에서도 종종 사용하는 '요소수'라는 물질이 있습니다. 우리나라는 요소수의 99퍼센트 이상을 중국에서 수입하고 있는데요, 2021년 중국이 요소수 수출을 어렵게 하는 검역방침을 도입하자 한국에서 요소수 대란이 발생하였습니다. 요소수를 구하기 위해서 운전자들이 주유소마다 길게 줄을 선 모습이 언론에 대대적으로 보도되었지요. 다행히 정부의 노력으로 추가 물량을 도입하면서 사태는 진정되었지만, 중국 의존도가 높은 어떤 품목에서든 언제든지 발생할 수 있는 일입니다.

반도체 전쟁

미중 분쟁의 핵심 아이템인 반도체가 한국 경제에서 차지하는 역할은 막대합니다. 우리나라 수출은 반도체에 크게 의존하고 있어 반도체 호황기(이른바 슈퍼사이클)였던 2018년 9월에는 반도체가 전체 수출의 25퍼센트를 차지했습니다. 이후 미중 무역분쟁 격화로 16퍼센트로 하락하였다가 2022년 6월에는 21퍼센트 수준으로 회복하였습니다.

수출뿐만 아니라 한국의 주식시장에서도 반도체 비중은 막대합니다. 2020년 말 주식시장의 시가총액에서 반도체 제조 대표 회사인 삼성전자(우선주 포함)의 시가총액은 27퍼센트, SK하이닉스는 4퍼센트에 이릅니다. 즉 반도체 수출, 수입과 관련한 문제가 발생하면 해당 기업에서 근무하는 근로자나 하청업체가 1차적인 영향을 받겠지만, 한국 주식시장에 투자하고 있는 개인 및 기관 투자자, 국민연금, 증권 및 금융 종사자에 이르기까지 우리 경제 전반으로 그 영향이 퍼져나가지요.

반도체로 예를 들긴 했지만, 세계 경제에 따라 한국 주요 산업의 상황이 달라질 때 제가 주목하는 점은 개인과 가정입니다. 대기업이나 자본가들은 한국에 한정해서 경제활동을 하는 것이 아니기에, 필요에 따라서 미국 등 다른 국가로 사업 무대를 옮길 수 있습니다. 앞서 말씀드렸던 한국의 재벌기업들이 미국에 생산시설을 투자하는 것이 이런 예라고 볼 수 있습니다. 이에 더하여 금융자본은 노동이나 산업시설보다 더 쉽게 국경 간 이동이 가능합니다.

한편 한국의 중소기업들은 국가로부터 여러 종류의 각종 정책지원을 받고 있습니다. 중소벤처기업부(중기부)가 집행하는 각종 지원사업뿐만 아니라, 시중 금리보다 낮은 금리로 대출을 해주는 정책자금, 중소기업에 한정하는 정부조달 기회 등이 그 사례입니다.

하지만 직장을 찾아야 하는 청년들, 근로소득세를 내는 근로자, 저축으로 생활하는 은퇴소득자와 그 가족 등 한국에 거주하는 개인과 가정은 국제 생산과정의 재편에 따른 충격을 고스란히 받게 됩니다. 경제구조 재편이나 위기로 인해 어려움을 겪더라도 빈곤층으로 추락하지 않는 한 정부 지원을 받기 어렵고, 설령 지원을 받더라도 안정된 생활 수준을 유지할 정도는 아닙니다.

그렇다고 국제 생산과정의 재편에 대해서 개인과 가정이 취할 수 있는 대응 방안도 마땅치 않습니다. 그 이유는 노동(즉 사람)의 이동은 자본의 이동보다 어렵기 때문입니다. 돈은 국제 결제망을 통해서 수익률이 좋은 국가로 바로 이동이 가능하지만, 미국에 구인난이 있다고 하여 한국인이 미국으로 이민을 가서 직장에 취직하는 것은 쉬운 일이 아니지요. 설령 한국인이 미국 회사에서 고용 제의를 받더라도 미국 정부가 취업비자를 발급해주지 않으면 취업을 할 수가 없습니다. 한국보다 좋은 급여와 근로조건을 제공하는 나라들은 기본적으로 한국보다 선진국일 텐데, 아무래도 선진국일수록 이민 절차가 까다로우니 근로자나 개인이 국경을 넘기가 쉽지 않은 것이지요.

새로운 기회를 가져오는 신기술

하지만 앞서 설명한 개인과 가정에 불리한 경제구조에 중대한 변화의 조짐이 보이고 있습니다. 바로 한류와 원격근무를 가능하게 하는 기술의 발달입니다. 지금까지 한류는 드라마 등 대중문화산업의 몇몇 기업들이 개발한 콘텐츠를 외국에 수출하는 방식으로 소비되었습니다. 이 과정에 참여한 아티스트, 제작자 등이 한류의 과실을 주로 맛보았지요. 한류로 인한 수출 증가나, 한류를 맛보기 위해 외국인 관광객이 늘어난다고 하더라도 일반 근로자들이나 개인들이 누리는 경제적인 이익은 미미할 따름이었습니다.

하지만 지금은 개인이라도 유튜브, 인스타그램 등을 통해서 비교적 용이하게 문화콘텐츠를 생산하고 그에 따른 경제적 수익을 직접 누릴 수 있습니다. 전 세계적으로 한류를 경험한다는 의미는, 개인이 생산한 문화콘텐츠 시장이 대한민국 5천만 인구에 한정되지 않고 전 세계 80억 인구로 확장되었음을 의미합니다. 시장이 커진 만큼 개인들이 누릴 수 있는 경제적 과실 역시 커졌다는 의미이고요.

더욱이 코로나19의 확산으로 인해 비대면 기술이 급격히 발달하였습니다. 줌이나 웹엑스를 이용하여 비대면 회의가 가능해졌고, 회사들마다 불가피하게 근무방식을 재택으로 변환하기도 하였습니다. 이렇게 회사라는 물리적 공간을 벗어나서 원격으로 근무가 가능해진 점은 개인과 가정의 입장에서는 중요한 경제적 함의가 있습니다. 바로, 노동의 이동이 자본처럼 자유로워졌다는 것입니다.

한국에 거주하더라도 미국 샌프란시스코나 프랑스 파리 등 전 세계 어느 곳에 위치한 기업에서든 근무를 할 수 있기 때문입니다. 한국의 경기가 나빠서 직장을 구하기 어렵더라도 구인난에 시달리는 미국에 위치한 기업에 취직하는 것이 용이해졌다는 뜻이지요. 그러니 한국의 경제구조 재편에 따른 위험을 개인이 피해갈 방법이 생겼다는 의미이기도 합니다.

한국의 경기가 나빠서 직장을 구하기 어렵더라도 구인난에 시달리는 미국에 위치한 기업에 취직하는 것이 용이해졌다는 뜻이지요. 그러니 한국의 경제구조 재편에 따른 위험을 개인이 피해갈 방법이 생겼다는 의미이기도 합니다.

내 자녀가 전 세계 어느 국가에 위치한 기업에든 전문 기술을 제공할 수 있다면 한 국가의 흥망성쇠에 영향을 받지 않으며 안심하고 삶을 영위할 수 있을 겁니다. 이런 기회를 여러분의 자녀들이 누리게 하기 위해서는 부모님들께서 대학입시 등과 같이 현재 한국의 교육 문제에만 갇혀 있지 말고, 시야를 넓혀서 자녀가 세계시민으로서 살아가며 전문성을 발휘할 수 있는 능력을 키우는 데 노력을 기울여야 하겠습니다.

녹록지 않은 국내 환경

새로운 기술의 출현과 글로벌 환경의 변화뿐만 아니라, 국내의 사회경제적인 동향도 자녀들 세대에게 적지 않은 부담으로 작용할 것입니다. 한국의 경제성장률은 1980년대 초반을 피크로 거의 매년 하향 곡선을 그리고 있습니다. 경제성장률이 낮아진다는 의미는 양질의 일자리가 새로 만들어질 가능성이 적어진다는 의미이기도 합니다.

새로운 양질의 일자리가 계속 만들어지지 않으면 학교를 졸업하고 일자리를 찾아 노동시장에 새롭게 진입하는 젊은 세대에게 일할 수 있는 기회가 점점 줄어들 테지요. 특히 한국의 경우 정규직 직원 혹은 무기 계약직의 해고가 어렵기 때문에, 기존 직원보다 업무능력이 뛰어난 젊은 구직자가 있다고 하더라도 새로 인력을 채용하지 않는 이상 젊은 인력을 채용하기가 어렵습니다.

그나마 남은 신규 채용의 경우에도 학교를 졸업한 학생들에게 유리한 공채 방식이 급격히 사라지고, 기업이 필요할 때마다 인력을 채용하는 수시채용 방식으로 바뀌고 있습니다. 2022년부터 현대자동차, LG, SK그룹 등이 공채를 폐지하고 수시채용 방식으로 전환하였습니다.

수시채용은 해당 직책에 맞는 업무능력을 구비한 사람을 뽑는 경향이 높기 때문에 학교를 막 졸업한 사회 초년생보다는 해당 업무에 경력이 있는 사람들에게 더 유리합니다. 새로운 일자리가 많이 생기지도 않는데, 그나마 이미 경력이 있는 세대에게 돌아가기 때문에 젊은이들이 좋은 직장을 구하기가 더 어려워지는 것이지요.

학교를 다니면서 구할 수 있는 인턴십은 많은 경우에 일자리로 이어지지 않고, 특별한 전문성을 기르는 것도 쉽지 않기 때문에 처음 직장을 구하는 젊은 세대는 자신의 능력을 보여줄 수 있는 기회 자체가 희박하지요. 결국 '닭이 먼저인지 달걀이 먼저인지'와 같은 패러독스에 빠지게 됩니다. 사회초년생이니 본격적으로 일해본 경험이 없고, 경험이 없으니 기업들은 수시채용에서 이들을 외면할 것이고, 어디에도 채용이 되지 않았으니 일해본 경험을 가질 수 없는 무경력자가 된다는, 그야말로 악순환의 무한반복 말입니다.

이에 더하여 인구의 고령화에 따른 복지와 의료수요 증가, 경기 부양을 위한 각종 보조금 지출 등 공공분야에 지출하는 세수가 가파르게 증가하고 있습니다. 이외에도 적자 운용 중인 공무원연금과 군인연금에 투입되어야 하는 조세도 나날이 늘어가고 있습니다. 이들 연금은 각각 1993년, 1973년부터 세금 지원을 하고 있는데, 2022년 공무원연금에만 4조를 투입하였습니다.[24] 국민연금과 사학연금도 2040년 이후 적자가 예상되고 있습니다. 국가 채무도 증가세를 나타내지요.

이런 현상들은 종합적으로 앞으로 미래세대가 부담해야 할 조세 부담이 커진다는 경고등입니다. 양질의 일자리는 구하기 어려운데, 그나마 일해서 번 소득도 지금 부모님 세대보다 더 많은 부분을 세금으로 내야 한다는 의미입니다.

조세 부담의 증가세는 이미 시작되었습니다. 최근 5년간 급등한 부동산 가격으로 인한 재산세, 종합부동산세 부담 증가는 물론이고, 건강보험료 역시 상승하였습니다. 세금 공제에 있어서 각종 공제 한도 및 비율도 계속 하향 조정되고 있어 실질적인 세금 부담은 나날이 늘고 있는 상황이지요.

대학입시는 또 어떤가요. 자기 또래와 치열하게 경쟁하여 겨우겨우 좋은 대학에 진학했다고 하더라도, 이후 자녀들이 성인으로 참여하고 살아내야 할 세상은 녹록지 않습니다. 이런 세상에서 가져야 할 것은 결국 '세상을 살아내는 실력'입니다. 인공지능으로도 대체되지 않는 실력. 스스로 삶을 단단하게 영위할 만큼의 경쟁력을 갖추게 할 실력 말입니다.

만약 여러분의 자녀가 한국뿐만 아니라 어느 나라에서든, 그가 가진 실력을 인정받고 기업에 속해 일하거나 스스로 사업을 지속할 수 있는 인재로 성장하기 원한다면, 부모님은 자녀가 겪을 수 있는 위험들을 감소시키기 위해 준비해야 합니다.

이제 구체적으로 어떠한 실력이 필요할지 살펴보겠습니다.

인적자본을 어떻게 높일 것인가

경제학에는 '인적자본human capital'이라는 개념이 있습니다. 사람이 일자리에서 얼마만큼 능력을 발휘하는지를 측정하는 개념입니다. 똑같이 한 시간을 일하더라도 어떤 사람은 100개의 물건을 팔고 또 어떤 사람은 50개의 물건을 판다면, 전자가 후자에 비해서 '인적자본이 높다'라고 설명합니다.

만일 데이터를 분석해서 경제 동향을 파악하는 일을 하는 사람이라면, 지적능력, 경험, 데이터 분석능력, 꼼꼼한 일 처리, 보고서 작성 능력, 발표 능력 등 다양한 능력을 갖추어야 합니다. 이런 다양한 능력을 평가하여 이 모든 능력을 갖춘 사람을 그렇지 않은 사람과 비교하여 '인적자본이 높다'고 평가합니다. 같은 시간 동안 같은 수의 사람을 고용하더라도 각자 얼마만큼 능력이 있고, 이를 얼마만큼 집중해서 일에 사용하는지에 따라 일 처리 능력이

> 여러분이 자녀 교육의 방향을 잡을 때 '어떻게 하면 내 아이의 인적자본을 높일 수 있을까' 하는 고민을 염두에 두시면 좋겠습니다.

달라지는데, 일을 잘 처리할 수 있는 능력을 갖춘 집단을 '인적자본이 높은 집단'이라고 부르는 것이지요.

기업 간의 경쟁이 극심하게 이루어지는 시장경제에서 기업은 같은 조건이라면 조금이라도 실력이 좋은 사람을 채용하려고 합니다. 즉 인적자본이 높은 사람을 더 많이 고용하는 기업이 수익을 많이 내는 데 훨씬 유리합니다. 그렇지 않으면 무한경쟁 시대에 뒤처지기 십상이니까요. 이런 이유로 많은 기업들이 실력이 좋은 사람들을 고용하려 할 테니, 이런 사람을 두고 기업 간 경쟁 또한 불가피해지겠지요. 실력이 좋은 사람들, 즉 인적자본이 높은 사람들의 보수는 당연히 높아질 테고, 취업 또한 잘 되겠지요.

여러분이 자녀 교육의 방향을 잡을 때 '어떻게 하면 내 아이의 인적자본을 높일 수 있을까' 하는 고민을 염두에 두시면 좋겠습니다. 인적자본은 IQ와 같은 단순한 지능 수준의 개념이 아닙니다. 아무리 IQ가 높더라도 일을 잘 해내는 데 기초가 되는 배경지식이 없다면 일을 잘 할 수 없겠지요.

이에 더하여 일을 할 때 필요한 커뮤니케이션 능력이나 사람들과 협업하는 능력, 어려운 상황에서 돌파구를 찾아내는 끈기와 용기 등의 능력도 필요합니다.

경제학자들은 이런 인적자본을 크게 두 가지로 구분합니다. 하나는 인지적 능력Cognitive skills이고, 다른 하나는 비인지적 능력Non-cognitive skills입니다. 인지적 능력은 보통 사람들이 일반적으로 생각하는 '공부를 잘한다' '똑똑하다'와 연관된 개념입니다. 교육 수준, 학업성적, IQ 등이 이에 해당하는데, 주어진 시간에 얼마만큼 정보를 빠르게 습득하고 이용할 수 있는지를 확인할 수 있는 부분입니다.

반면에 비인지적 능력은 자발성, 계획성, 성실성, 절제, 자존감, 끈기, 집요함, 매력, 책임감 등이 해당됩니다. 비인지적 능력의 일부는 사회성, EQEmotional Intelligence라고도 불리는데, 인지적 능력이 뛰어나더라도 어려움을 헤치고 목표를 달성하려면 끈기와 같은 비인지적 능력이 필수라는 것이지요. 아무리 개인적인 역량이 뛰어나더라도, 조직에서 성과를 내려면 상사, 부하, 동료, 클라이언트 등과 협력 관계를 잘 조성하고 유지할 수 있는 능력이 필요하니까요.

실제로 전 세계 경제학자들이 데이터를 분석한 결과, 인지적 능력과 비인지적 능력 모두 취업 여부, 임금, 건강, 행복감 등 인간이 살아가는 데 필요한 여러 분야에서 중요한 역할을 하고 있음을 밝혀냈습니다. 그런데 안타깝게도 한국에서 교육에 관해 논의할 때는 인지적 능력 중에서 '학업'이라는 협소한 부분에만 관심을 가집니다. 간혹 인성교육을 강화한다는 정책에 관한 논의가 들리기는 하지만, 구체적으로 인성이 무엇을 말하는지, 어떻게 교육을 시킨다는 것인지, 효과가 있는지 여부에 대해서는 구체적인 설명이 따르지 않습니다.

그래서 이 글을 읽으시는 부모님들께 인적자본에 대한 큰 그림을 보여드리기 위해서 인지적 능력과 비인지적 능력에 대해 이야기해보고자 합니다. 우리 자녀들이 일자리를 구하거나 사회생활을 할 때 이러한 능력이 어떤 영향을 미치는지 경제학자들이 연구한 내용을 바탕으로 함께 살펴보겠습니다.

문해력과 수리력의 필요성

인지적 능력은 최종학력과 학점, IQ, 별도의 인지능력 검사결과 등을 이용하여 측정합니다. OECD에서는 각국 학생들의 학업성취도를 국제학업성취도평가인 PISA 테스트를 이용해서 측정하는데, 이와 유사하게 성인들의 인지적 능력을 측정하기 위하여 PIAAC Programme for the International Assessment of Adult Competencies 테스트를 실시하고 있습니다. PIAAC 테스트는 문해력, 수리력, 문제해결력, 읽기 총 네 부분으로 구성됩니다.

문해력 측정은 온라인이나 종이에 인쇄된 글을 이해하고 정보를 파악하는 능력을 보기 위해서 실시합니다. 문해력에 더하여 읽기는 단어 실력, 복잡한 문장의 의미를 파악하는 이해력, 문장을 빠르게 읽고 이해하는 능력 등을 측정합니다.

수리력은 수리적 정보를 이용하고, 적용하고, 해석하고, 타인과 정보를 소통할 수 있는 능력을 의미합니다. 문제해결력은 컴퓨터, 인터넷 등 정보기술을 이용하여 문제를 해결하고 필요한 업무를 수행해가는 능력을 측정하는 것이지요.

OECD 21개국 취업자 정보를 분석한 최근 연구[25]에 따르면 문해력과 수리력은 임금과 매우 높은 상관관계를 보인다고 합니다. 예를 들어 백 명의 성적을 1등부터 100등까지 배열한다면, 문해력 50등인 사람(이를 중위수median라고 부릅니다)에 비해서 문해력 16등인 사람은 시간당 임금이 6.0퍼센트 더 높고, 수리력 50등인 사람에 비해서 수리력 16등인 사람의 시간당 임금이 5.7퍼센트 높다고 보고되고 있습니다.

이런 문해력과 수리력 능력에 더하여, 일을 하면서 직접 문해력과 수리력을 더 많이 사용하는 경우에는 임금이 추가적으로 높아지는 경향도 보입니다. 즉 문해력이 동일하더라도, 업무상에서 문해력을 이용한 업무가 많은 경우(100명 중 16등)는 보통의 경우(50등)에 비하여 임금이 9.8퍼센트가 높고, 수리력의 경우에도 7.1퍼센트가 더 높습니다.

위 논문에서는 국가별로 직업에서 문해력과 수리력의 사용 정도를 보고하고 있습니다. 한국에 대한 통계 분석 결과 중에서 흥미로운 부분은 '경영 및 행정 전문가'와 '정보 및 통신기술 전문가'입니다. 이 두 직종은 높은 보수를 받는 전문직종이라서 많은 사람들이 일하기를 선망합니다. 전자는 보통 문과계열 전공자들이, 후자는 이과계열 전공자들이 관심을 보이는데요, 이 두 직종 모두 업무를 수행할 때 문해력과 수리력을 필요로 한다고 보고하고 있습니다.

수리력 점수에서는 정보 및 통신기술 전문가들이 경영 및 행정 전문가를 앞서지만, 실제 업무에서 수리력을 얼마나 사용하는지를 평가하는 사용 정도에서는 오히려 경영 및 행정 전문가들이 더 높았습니다. 반면, 문해력을 업무에서 얼마나 사용하는지를 측정하는 사용 정도에서는 정보 및 통신기술 전문가들이 경영 및 행정 전문가들보다 더 높게 나타난 점도 다소 특이한 결과입니다. 일반적인 생각과 반대되는 결과이지만, 맥락을 생각해보면 이해가 가능합니다.

경영 및 행정 전문가는 결국 회사나 조직에서 전략적 의사결정을 내리는 사람들입니다. 이 직군의 사람들이 의사결정을 잘 하기 위해서는 '감'에만 의존하면 안 되고, 회사의 재무지표, 성과지표 등을 잘 이해해야 할 뿐만 아니라 국내외 사회경제 환경이 어떻게 변화하고 있는지에 대한 통계들도 능숙히 파악해야 합니다. 그렇지 않으면 치열한 경쟁에서 살아남을 수 없기 때문이지요. 그러려면 반드시 필요한 것이 수리력입니다.

정보 및 통신기술 전문가의 경우도 마찬가지입니다. 정보통신업계ICT에서 일자리를 갖기 위해서는 일단 수리력이 중요하지만, 전문가로서 입지를 다지기 위해서는 고객이 무엇을 원하는지를 잘 파악해야 합니다. 이런 소비자의 요구는 통계로만 파악할 수 있는 것이 아닙니다. 고객과의 인터뷰, 고객이 접수한 불만을 잘 파악할 수 있어야 합니다. 결국 기술 전문가에게도 문해력이 필요한 것이지요.

자녀를 전문가로 키우길 원하시는 부모님이라면 문이과계열과 상관없이 문해력과 수리력을 높이는 데 깊은 관심을 기울여야만 하는 것이지요.

'대졸자 프리미엄'의 현황

정말로 대학이 취업에 영향을 미치는가

인지적 능력 중에서 최종학력, 특히 대졸 여부가 구직 가능성이나 임금에 미치는 영향은 전 세계적으로 많은 경제학자들이 연구하는 주제입니다. 한국은 워낙 교육열이 높고, 고등학교 졸업생들이 거의 대부분 대학에 진학하기에 대학 졸업이 얼마만큼 구직에 도움이 되는지 굳이 논의할 필요가 없다고 생각하시는 분들도 있을 것 같습니다.

그럼에도 대학 졸업이 일자리와 취업에 있어 어느 정도 의미가 있는지를 분석한 연구 결과를 말씀드리는 이유는 두 가지 때문입니다. 우선 부모님들께서 자녀를 대학에 보내기 위해 갖은 고생을 하면서도 '지금의 노력이 과연 그럴만한 가치가 있는 것인가?'

라고 의구심이 생길 수도 있기에 그에 대한 정보를 알려드리고 싶습니다. 두 번째는 혹시라도 시대에 맞지 않는 교육 정책이나 입소문에 휩쓸리실 수도 있으니, 그런 오류를 범하지 않고 아이를 위한 최선의 결정을 하시는 데 조금이라도 도움을 드리기 위해서입니다.

우리나라 교육 정책 중에서 주기적으로 등장하는 아이템은 대학교육을 대체하는 고졸 직업교육 강화 정책입니다. 한국 고등학교 졸업생의 70퍼센트 이상이 대학에 진학하는데 이런 높은 진학률은 낭비이고, 고등학교만 졸업하고도 좋은 직장에 취업할 수 있도록 하는 것에 기본적인 취지를 두고 있습니다. 그 취지에는 저도 공감하고, 대학 졸업장이 없어도 좋은 직장에 취업할 수 있는 사회가 되기를 바라는 간절한 마음도 있습니다.

그렇지만 제가 학부모님 입장이라면 이런 실험적인 정책에 아이의 인생을 걸지는 않을 것입니다. 그 이유는, 한국뿐만 아니라 주요 선진국에서 고졸자에 비해 대졸자가 얻는 높은 임금('대졸자 프리미엄'이라고 부릅니다)이 견고하게 유지되고 있고, 주요 국가의 근로자 평균 학력도 점차 높아지고 있기 때문입니다. 세계 경제에 민감하게 영향을 받는 소규모 개방경제인 한국에서 이런 세계적인 흐름에 어긋나는 정책을 추진한다 하더라도 효과를 거두기는 어려울 것입니다.

더욱이 한국 대통령은 5년 단임제라서 대통령이 바뀌면 정책의 상당수는 폐기되거나 추진 동력을 잃게 됩니다. 5년 내에 효과를 볼 수 있고, 결과가 결정되는 종류의 문제라면 정부 정책 방향에 따라 의사결정을 할 수 있지만, 아이들의 진로선택이나 장래와 같이 장기적인 시야를 가지고 결정해야 하는 문제에 대해서는 아주 신중하고 각별하게 주의를 기울여야 합니다.

만약 충분한 자료나 사례가 없는 경우에는 보수적으로 판단하시는 게 오히려 더 안전할 수 있습니다. 언론 보도에 따르면 과거 정부가 추진한 고졸 직업교육 강화 정책에 따라 고등학교 직업교육을 마치고 비교적 좋은 직장에 취업한 학생들의 경우가 종종 보이지만 근무여건이 그리 좋지 않다는 보도들이 잇따르고 있는 것도 사실이니까요.²⁶ 이 사례는 아이들의 진로와 관련된 문제에서 부모님들이 국내뿐 아니라 전 세계적인 동향을 아시고, 자녀의 장래에 대해 냉철하게 판단하는 것이 얼마나 중요한지 잘 보여주고 있습니다.

고졸에 비해 대졸자가 얼마만큼 임금이나 취업에 있어서 유리한지에 대한 논의는 미국에서 활발히 이루어지고 있습니다. 여러 이유가 있겠지만, 미국의 대학등록금이 애초에 다른 국가들에 비해서 높은 데다 매년 가파르게 상승하고 있고, 학자금 대출을 받은 대졸자들이 이를 상환하지 못해서 개인 파산하는 경우가 많기 때문입니다. 중산층 부모를 둔 학생들이라도 한국과는 비교할 수 없을 정도로 비싼 대학등록금을 내야 하기 때문에, 과연 얼마만큼 경제적인 이득이 있는지 따져볼 수밖에 없는 것이지요.

미국 연방준비은행 뉴욕지사New York Fed가 집계한 통계에 따르면, 대학졸업자들은 비슷한 연령인 사람들의 평균보다 낮은 실업률을 보입니다. 이는 최근 대학을 졸업한 젊은이들을 기준으로 보나, 학위를 취득한 뒤 시간이 좀 지난 모든 대졸자를 보나 동일한 패턴입니다. 즉 대학졸업자들은 낮은 실업률을 보이므로 결국 취업에 있어서 우위에 있다는 의미이지요.

취업에 성공한 경우만 한정하더라도 고졸 임금근로자와 4년제 대졸 임금근로자 간의 임금 격차는 견고하며, 2010년에 들어 그 차이는 좀 더 벌어졌습니다. 고졸 근로자들 중에서 임금을 기준으로 순서대로 배열했을 때 가장 가운데에 위치한 사람(중위수, 상위 50퍼센트)과 4년제 대졸자 중 중위수에 위치한 사람 간의 임금 격차는 1990년 이후 변동이 없으며, 2015년 이후에는 그 격차가 서서히 더 벌어지고 있습니다.

미국 대학 전공에 따른 취업 현황

한편 같은 대졸자라 하더라도 취업률이나 임금에 있어서 대학 학부 전공별로 상당한 차이를 보입니다. 미국 연방준비은행 뉴욕지사에서는 미국 대학에 개설된 총 73개의 학부 전공별로 실업률, 초임 중위임금, 경력직 중위임금 등 상세한 정보를 수집하여 공개하고 있습니다.[27] 2023년 2월 10일 발표된 자료를 기준으로 한국 부모님들께서 관심이 있으실 학부 전공 47개 학과를 중심으로 설명드리겠습니다.

〈표2-1〉의 첫 줄에는 미국 대학의 학과 전체 평균 정보를, 그 이후부터는 초임 임금이 높은 순서대로 배열하였습니다. 전체 대학졸업자 중 초임 임금을 기준으로 정가운데에 위치한 사람(즉 중

위수)은 연간 5만 달러를 소득으로 올리고 있고, 경력직만을 대상으로 할 때는 7만 5천 달러입니다. 대졸자 평균 실업률은 5.1퍼센트입니다. 초임이 가장 높은 대학 전공은 화학공학으로 초임은 7만 5천 달러, 경력직 임금은 12만 달러에 이르며 실업률은 4.1퍼센트입니다.

이 표가 알려주는 내용은 미국에서 가장 높은 임금을 받는 학부 전공 열 개 중 거의 모든 학과가 공학에 해당한다는 점입니다. 경영분석, 금융, 경제학이 문과계열 학과로는 예외적으로 높은 랭킹에 포진하고 있는 정도입니다. 초임 임금 대신 경력직 임금이 높은 순서로 기준을 정하거나, 실업률이 낮은 순서로 하더라도 거의 비슷한 수준의 학과 랭킹이 유지됩니다. 여기 소개된 47개 전공을 포함하여 73개 모든 전공에 대한 정보는 이 책 286쪽에서 보실 수 있습니다.

왜 특정 전공들이 다른 전공에 비해서 임금이 높은지는 여러 가지 이유가 있겠습니다만, 근본적인 이유는 해당 전공자에 대한 기업체의 채용 수요보다 졸업생 수(즉 공급)가 적기 때문이고, 채용 수요가 졸업생 수보다 많은 이유는 해당 산업이 미국 경제에서 많은 성과를 내고 있다는 의미이지요.

공학을 전공한 졸업생을 주로 채용하는 제조업의 경우 미국의 전체 산업에서 차지하는 비중은 그리 크지 않지만, 전 세계적으로 부가가치가 높은 중요한 기술이나 특허는 미국이 선도하고 있습니다. 반도체의 경우를 봐도 생산은 한국이나 대만 기업이 주로 담당하지만, 반도체를 설계하는 원천기술은 여전히 미국이 대

〈표2-1〉 미국 대학 학부 전공별 취업 상황 통계

랭킹	학부전공(단위)	초임 중위임금 (미국 달러)	경력직 중위임금 (미국 달러)	실업률 (퍼센트)
	전체학과	50,000	75,000	5.1
1	화학공학	75,000	120,000	4.1
2	컴퓨터공학	74,000	114,000	3.7
4	항공우주공학	72,000	112,000	6.6
5	전기전자공학	70,000	109,000	3.2
6	산업공학	70,000	100,000	4.6
7	기계공학	70,000	105,000	5.3
9	경영분석학	66,000	99,000	2.2
10	토목공학	65,000	100,000	3.4
13	금융학	60,000	100,000	4.1
14	경제학	60,000	100,000	5.5
16	수학	59,000	88,000	5.8
17	간호학	55,000	75,000	1.3
18	약학	55,000	100,000	4.8
21	물리학	53,000	80,000	6.1
24	건축학	50,000	85,000	2.1
27	역사학	50,000	70,000	5.8
29	정치학	50,000	80,000	6.9
30	국제학	50,000	86,000	7.1
31	지리학	48,000	75,000	4.4
32	예술사학	48,000	64,000	5.3
35	화학	47,000	85,000	3.4
36	커뮤니케이션학	47,000	75,000	5.8

37	경영관리학	46,000	75,000	5.0
38	영양학	45,000	60,000	1.8
39	농업학	45,000	70,000	2.4
43	저널리즘학	45,000	75,000	6.5
47	외국어	43,000	65,000	7.8
48	상업예술 및 그래픽디자인	43,000	70,000	7.9
49	동식물학	42,000	67,000	4.4
51	철학	42,000	68,000	9.1
54	일반교육학	40,200	51,000	1.8
57	특수교육학	40,000	52,000	2.7
58	유아교육학	40,000	43,000	3.1
59	지구과학	40,000	70,000	3.6
60	생물학	40,000	75,000	4.7
61	건강서비스학	40,000	60,000	5.2
62	인문학	40,000	63,000	6.2
63	영문학	40,000	65,000	6.3
64	인류학	40,000	65,000	6.5
65	신문방송학	40,000	75,000	8.4
66	사회학	40,000	61,000	9.0
67	순수미술	40,000	65,000	12.1
69	호텔관광학	38,000	60,000	5.3
70	심리학	37,400	65,000	4.7
71	사회복지학	37,000	52,000	3.0
72	가정소비자학	37,000	60,000	8.9
73	신학	36,000	52,000	3.6

출처: 미국 연방준비은행 뉴욕지사, 주 27과 동일.

부분 가지고 있습니다. 신약 개발 역시 미국이 선도하고 있고요. 금융 부문은 미국과 영국이 독보적인 위치를 차지하고 있으니 마찬가지라고 설명할 수 있습니다.

영국의 경우도 살펴보겠습니다. 2020년 영국 교육부는 전공별 학비, 연령별 고용률, 평균 임금을 종합하여 특정 학부 전공을 선택하면 평생 얼마만큼의 순수익을 얻을 수 있는지를 발표하였습니다.[28] 영국 교육부는 학부 전공을 총 스물아홉 가지로 분류하였고, 성별로 각각 순수익을 계산하였습니다. 여기서 순수익이란 해당 학부를 졸업하면서 은퇴할 때까지 생애주기 동안 얻게 되는 예상 임금의 총액에서 대학 진학에 필요한 비용을 차감하고, 이후 고등학교만 졸업하고 받을 수 있는 예상 임금의 총액을 차감한 금액을 말합니다. 만약 순수익이 0보다 작다면 일생에 걸쳐서 얻을 수 있는 예상 임금의 측면에서 고등학교만 졸업하는 것이 대학을 졸업하는 것보다 낫다는 의미이지요.

보고서에 따르면 스물아홉 개 전공 중에서 대학 진학을 하지 않는 편이 나은 경우는, 남성은 세 개, 여성은 한 개 전공에 불과합니다. 경제적인 측면에서만 살펴본다면, 거의 모든 전공이 대학을 졸업하는 것이 고등학교만 졸업하는 경우에 비해서 득이 된다는 것이지요.

하지만 대학 전공별로 경제적인 순수익에는 상당한 차이를 보입니다. 〈표2-2〉에서 보여주듯이 남자의 경우, 경제학 전공자라면 일생에 걸쳐 일을 통해 벌어들일 수 있는 순수익은 51만 4천 파운드(약 8.2억 원), 의학 전공자는 50만 5천 파운드(약 8.1억 원)에

〈표 2-2〉 영국 대학의 전공별 순수익[29]

(단위: 영국 파운드)

	전공	남성	여성
1	경제학	514,000	271,000
2	의학	505,000	340,000
3	법학	263,000	264,000
4	수학	232,000	142,000
5	경영학	185,000	183,000
6	정치학	174,000	157,000
7	지리학	171,000	61,000
8	공학	160,000	140,000
9	컴퓨터학	142,000	137,000
10	건축학	140,000	39,000
11	역사학	128,000	78,000
12	화학	125,000	99,000
13	언어학	113,000	11,000
14	약학	102,000	176,000
15	의료관련학	78,000	100,000
16	기술학	69,000	65,000
17	철학	67,000	23,000
18	교육학	56,000	144,000
19	자연과학	38,000	39,000
20	사회학	34,000	66,000
21	물리학	32,000	87,000
22	간호학	28,000	110,000
23	심리학	27,000	55,000
24	커뮤니케이션학	16,000	69,000
25	영문학	8,000	43,000
26	물리과학	4,000	28,000
27	농학	−8,000	24,000
28	사회복지학	−44,000	62,000
29	예술학	−103,000	−8,000

이릅니다. 그다음으로 높은 순수익을 보이는 전공은 법학(26만 3천 파운드, 약 4.2억 원), 수학(23만 2천 파운드, 약 3.7억 원) 등이 따릅니다.

여성은 남성보다 노동시장에 참여하여 소득을 올리는 경우가 적고, 임신-출산-육아로 이어지는 경력 단절 때문에 전반적으로 대학 졸업을 통해서 얻은 경제적 순수익이 낮습니다. 그럼에도 순수익이 높은 전공의 경우에는 남성과 대체로 유사한 패턴을 보입니다. 여성이 가장 높은 순수익을 올리는 전공은 의학으로 34만 파운드(약 5.4억 원), 2위는 경제학(27만 1천 파운드, 약 4.3억 원), 3위는 법학(26만 4천 파운드, 약 4.2억 원) 순입니다.

그런데 흥미로운 점이 있습니다. 영국의 경우 미국과 달리 수학, 경영학, 정치학, 지리학 전공자들의 생애 순소득이 높게 나타났고, 반면 미국에서 우위를 차지한 공학은 8위에 그치고 있습니다. 이는 국가의 경제구조에 따라서 경제적인 이득이 높은 전공이 다를 수 있다는 것을 보여줍니다. 영국은 금융 및 자본에 대한 산업이 경제구조에 큰 축을 이루기 때문에 해당 분야에 종사하는 사람들의 수입이 높을 수밖에 없겠지요.

통계로 증명되는 한국의 취업 현실

이제 한국의 경우를 살펴보겠습니다. 한국에서도 대졸자와 고졸자 간의 임금 격차는 견고하게 유지되고 있습니다. 일을 하고자 하는 사람 가운데 직장을 구하지 못한 사람의 비율인 실업률의 경우, 고등학교 졸업자의 실업률은 2021년 평균 4.0퍼센트였으나, 4년제 대학졸업자(대학원 포함)의 경우에는 같은 기간 3.0퍼센트로 1.0퍼센트 낮게 나타났습니다.[30] 고졸자에 비해 대졸자의 실업률이 낮다는 의미는 대졸자가 직장을 구하기가 상대적으로 쉽다는 의미일 테니까요.

4년제 대학교 졸업자(대학원 포함)와 고등학교 졸업자 간의 실업률 격차는 다소간 변화를 보이지만, 2006년 이후 평균 1퍼센트 포인트를 유지하고 있습니다. 임금의 경우를 볼까요. 고등학교 졸업자에 비해서 4년제 대학교 졸업자의 임금 수준 역시 견고하게 유지되고 있습니다.

고용노동부의 조사에 따르면 2020년 고졸 근로자들의 평균 임금은 4년제 대학교 졸업자(대학원 졸업자 제외)의 평균 임금에 비해 37퍼센트가 낮게 나타났습니다. 대학원 졸업자들의 경우 4년제 졸업자에 비해서 47퍼센트가 높은 것으로 조사되었고요. 이러한 임금 격차는 2006년 이후 다소간 차이는 있었지만 여전히 비슷한 수준에서 유지되고 있습니다.

전공별로 취업률과 초임 임금을 살펴보겠습니다. 우리 정책당국은 앞서 살펴본 미국이나 영국과 달리 학과별로 정보를 제공하지 않고 계열별로 취업률과 임금 정보를 제공합니다. 2022년 12월 교육부 보도자료에 따르면 2021년 대학교를 졸업한 학생들 가운데 취업률이 가장 높은 계열은 의학으로, 졸업생의 82.1퍼센트가 직장을 가지고 있습니다. 다음으로는 공학계열(69.9퍼센트), 예체능(66.6퍼센트), 자연계열(65.0퍼센트)이 뒤를 잇고 있으며, 인문계열(58.2퍼센트)이 가장 낮은 취업률을 보입니다. 그런데 취업률 통계를 정확하게 해석하기 위해서는 추가적인 정보가 필요한데요, 바로 유지취업률과 상급 교육과정으로의 진학률입니다.

취업률은 대학을 졸업하고 나서 통계가 조사될 당시에 몇 퍼센트의 졸업생이 현재 직장에 다니고 있는지를 조사한 비율입니다. 즉 모든 사람들이 원하는 정규직 취업뿐만 아니라 비정규직, 초단기 고용 등 임시직을 모두 포함해서 현재 일을 하고 있는지 여부를 조사한 것이지요.

취업의 질을 고려하기 위해서 추가로 조사하는 정보가 유지취업률입니다. 앞서 조사된 취업자들 중에서 11개월 이후에도 취업을 하고 있는 사람들의 비율을 의미하지요. 즉 졸업 직후 조사에서 취업이 되었던 사람이더라도 1년 뒤 직장을 유지하고 있는 경우에 한정하므로 취업자들 중에서 몇 퍼센트가 안정적으로 취업을 했는지를 알려줄 수 있습니다.

〈표2-3〉을 보시면 대학에서 인문계열을 졸업한 취업자들 중에서 74.2퍼센트가 11개월 뒤에도 취업을 하고 있음을 볼 수 있습니다. 애초에 취업률이 58.2퍼센트이고 이중 74.2퍼센트가 11개월 뒤에도 취업을 하고 있으므로, 졸업 후 1년간 취업을 했다는 실질취업률을 기준으로는 두 숫자를 곱한 43.2퍼센트만이 취업을 했다고 볼 수 있지요.

이 실질취업률을 기준으로 할 때 인문계열과 예체능계열이 가장 저조한 성과를 보이고 있습니다. 인문계열은 43.2퍼센트, 예체능은 44.3퍼센트에 불과하고, 사회계열은 50.0퍼센트, 자연계열은 50.8퍼센트, 교육계열은 51.5퍼센트입니다. 가장 높은 수준을

〈표 2-3〉 한국의 대졸자 취업 현황

	모든 대학 기준 (교육부)			4년제 일반 대학 기준 (통계청)		
	(1) 취업률	(2) 유지취업률	(3) 실질취업률	(4) 취업률	(5) 진학률	(6) 무소속
인문	58.2	74.2	43.2	52.8	7.0	40.2
사회	63.9	78.2	50.0	58.8	2.5	38.7
교육	63.1	81.6	51.5	47.8	6.3	45.9
공학	69.9	84.6	59.1	64.3	9.1	26.6
자연	65.0	78.2	50.8	58.2	16.3	25.5
의학	82.1	83.0	68.1	82.0	1.8	16.2
예체능	66.6	66.5	44.3	60.2	5.8	34.0

출처: (1), (2)열 – 교육부 보도자료(2022.12.26, 2021년 고등교육기관 졸업자 취업통계 조사결과 발표)
　　　(3), (6)열 – 저자 계산
　　　(4), (5)열 – 〈2021 한국의 사회지표〉 통계청

보이는 것은 의학계열로 68.1퍼센트, 그다음 두 번째로 높은 것은 공학계열로 59.1퍼센트입니다.

지금까지 살펴본 교육부 통계는 대체적인 취업 정보를 계열별로 알려주기는 하지만 분명히 한계가 있습니다. 우선 4년제 대학교뿐만 아니라 전문대학, 교육대학 등 다양한 대학들을 모두 포함하고 있습니다. 대학 종류에 따라 계열별 정원이 상이하기 때문에 계열별 취업률 차이가 계열별 특성을 반영한 것인지, 대학 유형별 구성 비율이 상이한 것을 반영한 것인지는 분명하지 않습니다.

두 번째 한계는 취업을 하지 않고 석사 혹은 박사 과정 등 상급 과정으로 진학하는 사람들의 비율이 집계되지 않은 점입니다. 이

런 한계점을 보완하기 위해서 저는 통계청이 2022년 하반기에 발표한 〈2021 한국의 사회지표〉의 통계를 추가적으로 조사하였습니다. 111쪽 〈표2-3〉의 ⑷열을 보면 4년제 일반 대학교를 기준으로 각 계열별 취업률을 보고하고 있습니다. ⑴열에서 살펴본 수치와는 상당한 차이를 보이고 있지요.

가장 극명한 차이를 보이는 것은 교육계열입니다. 교대를 제외한 일반적인 4년제 대학교의 교육계열 취업률은 50퍼센트에도 미치지 못합니다. 이는 모든 계열 중에서도 가장 낮은 수준입니다. 4년제 대학교에만 개설되는 의학계열의 경우에는 거의 차이를 보이지 않지만, 나머지 계열에 있어서는 교육부 통계에 대비하여 대체로 약 6퍼센트포인트 정도 낮은 취업률을 보이고 있습니다.

대졸자 중에서는 취업을 하지 않더라도 석사나 박사 등 상급 학위과정으로 진학하는 경우도 있습니다. 대졸자의 입장에서는 구직이 여의치 않아 소속이 필요해서 상급 학위과정에 등록하는 경우도 있지만, 전문지식을 쌓고 더 좋은 직장에 취업하기 위해서 진학을 하기도 합니다. 만약 후자의 경우가 대부분이라면, 대학 전공 계열별 상급 학위과정으로 진학하는 비율(진학률)도 취업률에 준하여 고려할 필요가 있습니다.

같은 표 ⑸열은 4년제 대졸자 계열별로 상급 학위과정 진학률을 보여주고 있습니다. 진학률이 가장 높은 계열은 자연계열로 16.3퍼센트, 두 번째는 공학계열 9.1퍼센트입니다. 일반적으로 대학에서 이과계열 학과에서는 전문지식을 쌓고 프로젝트 경험을 하려면 석사과정이 필요하기 때문에, 이 점을 고려한다면 자연계열과 공학계열에서의 상급 학위과정 진학률이 높은 것은 당연한 현상이라고 이해할 수 있습니다.

문과계열에서 상급 학위과정으로 진학률이 높은 계열은 인문(7.0퍼센트)과 교육(6.3퍼센트)입니다. 이 두 계열은 학부 졸업생의 취업률((4)열 기준)이 가장 낮은 계열입니다. 사회계열의 경우 진학률이 2.5퍼센트에 불과함을 고려할 때, 인문과 교육계열 전공자들의 높은 진학률은 구직의 어려움이 반영되지는 않았을까 예상해봅니다.

(6)열은 대졸자 중에서 취업 혹은 상급 학위과정에 진학한 사람들을 뺀 나머지(즉 소속이 없는 4년제 대졸자)의 비율을 보고하고 있습니다. 예를 들어 대학을 졸업하고 나서 구직 중이거나 구직을 포기하였거나, 결혼 등을 이유로 노동시장에 참여하지 않는 경우가 이에 해당합니다. '무소속'의 비율이 높다는 것은 대학교육으로 인한 경제적인 이득이 낮다는 것을 의미하지요.

무소속에서는 교육계열(45.9퍼센트)이 가장 높은 비율을 차지합니다. 교육계열은 취업률에서도 가장 낮은 비율을 보이는 등 진학률을 감안하더라도 가장 낮은 성과를 보이고 있습니다. 다음으로는 인문계열(40.2퍼센트), 사회계열(38.7퍼센트), 그리고 예체능계열(34.0퍼센트)이 뒤를 잇고 있습니다. 이과계열인 공학, 자연, 의학 계열은 문과계열 전공들에 비해서 압도적으로 낮은 수치를 보입니다.

계열별 초임 급여도 차이가 납니다. 교육부 발표에 따르면 2021년 2년제 대학 이상 졸업자의 평균 초임 월급은 263만 원입니다.[31] 학부 졸업생의 평균 월급은 244만 원, 석사는 372만 원,

박사는 582만 원입니다. 초임 급여에서도 계열별 차이를 보입니다. 학부 졸업생을 기준으로 가장 높은 급여를 받는 계열은 의학계열(의대, 한의대, 치대, 약대)이며, 공학계열, 사회계열이 뒤를 잇습니다. 박사학위 취득자를 기준으로 하더라도 의학계열, 사회계열이 여전히 높은 수준을 유지하고 있지요.

냉정한 취업현실을 받아들일 때

이제 결론을 말씀드릴까 합니다. 지금까지 살펴본 한국의 고등교육 수료자들의 성과와 고졸-대졸자 간의 비교 통계들을 단순히 일반화하면 안 됩니다. 이런 통계는 주의해서 해석해야 합니다. 왜냐하면 이런 통계들은 고졸자와 대졸자의 최종 학위에서의 차이뿐만 아니라 거주지역, 부모의 사회경제적 상황, 건강 상황 등 여러 가지 측면에서 발생하는 차이를 반영하지 못하기 때문입니다. 따라서 내 아이가 고졸자가 되는 대신 대학 졸업장을 따면 얼마만큼 경제적인 이득을 얻을 수 있는지 등 여러 인과관계를 정확하게 측정하기는 어렵습니다.

그럼에도 기초적인 자료만 가지고 이루어진 통계에서 큰 차이를 보이거나 지속적인 차이를 보인다는 것은 인과관계가 존재할 가능성이 크다는 것을 의미합니다. 이런 한계를 감안하고서 한국의 노동시장이 보여주는 여러 가지 통계 수치들을 종합해보면 다음의 세 가지 결론을 얻을 수 있습니다.

첫 번째, 경제적 여건이 허락한다면 대학졸업장을 얻는 것이 그렇지 않은 경우에 비해서 장점이 많습니다. 한국에서 대졸 이상과 고졸 이하 학위를 가진 사람들은 취업, 실업, 임금, 직장 안정성 등 다양한 측면에서 견고한 차이를 보이고 있는데, 이는 시간이 지나도 줄어들 조짐이 보이지 않습니다. 역대 정부에서 다양한 정책을 내놓은 적이 있지만 적어도 데이터 상에서 지속적으로 주목할 만한 변화나 성과는 보이지 않습니다.

두 번째, 대학졸업장을 얻는 것이 그렇지 않는 경우에 비해 유리할 가능성은 높지만, 대학졸업장으로 얻는 경제적 이득을 지나치게 높게 평가해서는 안 됩니다. 의학계열을 제외한 대학졸업자의 취업률은 70퍼센트조차 되지 않습니다. 1년간 취업을 한 경우로 한정한다면 40~60퍼센트 수준이고요. 대학을 졸업하고 취업을 했거나 상급 학위과정에 진학한 경우를 제외한 나머지 경우, 즉 소속이 없는 경우도 26~46퍼센트에 이릅니다.

취업을 했다고 하더라도 대학 졸업 후 초임 급여는 월 2백만 원대입니다. 2022년 기준으로 최저임금을 받고 주 40시간 근무한 경우 월급(유급, 주휴 포함 기준)이 191만 원임을 감안할 때 아주 높은 수준이라고 보기 어렵습니다. 따라서 자녀 교육에 시간과 경제적 자원을 투자하실 때는 부모님의 현재와 앞으로의 경제적 여력과 자녀의 적성과 특기를 고려하여 신중하게 결정하실 필요가 있습니다.

세 번째 결론은 대학에서의 전공 선택, 그리고 이에 기초가 되는 고등학교 때의 문이과 선택은 일반적으로 생각하는 것 이상으로 자녀의 장래에 중요한 영향을 미친다는 점입니다. 대학을 졸대학에서의 전공 선택, 그리고 이에 기초가 되는 고등학교 때의 문이과 선택은 일반적으로 생각하는 것 이상으로 자녀의 장래에 중요한 영향을 미칩니다.

업한 사람들이라도 어떤 전공을 선택하였는지에 따라 취업률, 실업률, 임금에 상당한 차이를 보입니다. 이런 차이들이 모두 대학교 전공이라는 한 가지 요인에 의해서만 설명되지는 않지만, 전공 간의 극명한 차이는 자녀의 전공 선택 시 선제적으로 검토하고 전략을 세워야 할 필요를 보여주고 있습니다.

전반적으로 문과계열 전공이 이과계열 전공에 비해서 성과가 좋지 못하다는 점을 고려하신다면 아이들에게 어릴 때부터 수리적, 분석적 능력을 키워주는 것이 유리하겠지요. 특히, 학교에서 배우는 수학이나 과학은 기존의 교과과정과 입시문제에 초점을 맞추기 때문에 학문으로서의 수학이나 과학, 혹은 실제 현실에서 사용하는 분석적인 방법과는 상당한 거리가 있습니다.

따라서 자녀가 스스로 '수포자'라고 생각하면서 수학 공부를 피하려 해도 '내 아이가 싫어하는 것은 한국의 입시 수학일 뿐이며, 넓은 의미의 수학, 수리적 분석을 싫어하는 것이 아니다'라는 생각을 염두에 두셨으면 합니다. 한국뿐만 아니라 미국에서도 수리적인 능력을 기초로 하는 전공들은 기타 전공에 비해서 취업률, 실업률, 임금에 있어서 전반적으로 양호한 성과를 보이고 있거든요.

취업에 필수인 비인지적 능력

비인지적 능력은 소프트 스킬soft skills, 사회성social skills, EQ라고도 종종 불리며, IQ나 학업성적과 같은 인지적 능력과 대비되는 개념으로 사용됩니다. 경제학에서는 전통적으로 인지적인 능력이 취업이나 임금 등 경제적인 성과에 얼마나 영향을 미치는지 깊이 연구해왔으나, 비인지적 능력에 대한 연구는 상대적으로 늦어져 최근에야 이뤄지고 있습니다.

　비인지적 능력이라는 용어에서 알 수 있듯이 이 개념은 특정한 종류의 능력을 한정하는 개념이 아니라, 학자들이 알고 있는 인지적 능력을 제외한 모든 능력을 지칭합니다. 개념을 명확하게 정의하기 어렵다는 의미이지요. 이런 이유로 비인지적 능력은 자발성(의욕, 동기부여), 계획성, 성실성, 책임감, 회복력과 대처능력, 끈기(인내력), 근성, 자제심(자기제어), 리더십(사회적 능력), 매력, 책임감 등 다양한 개념을 지칭하는 데 이용됩니다.

비인지적 능력은 심리학에서 성격적 특징을 지칭하기 위해 개발한 '빅5Big Five'로 측정하기도 하는데, 여기서의 빅5는 정서적 안정성, 외향성, 개방성(호기심), 우호성(협조성), 성실성이라는 다섯 가지 기준으로 사람의 성격을 측정하는 개념입니다.

일반적으로 사교적인 사람을 EQ가 높다고 표현하는데요, 비인지적 능력은 사교성과는 다른 개념입니다. 사교성이란 업무와 상관없이 사람들을 배려하고 편안하게 지내는 능력이지만, 비인지적 능력은 업무의 성과를 거두기 위해서 사람들과 잘 지낼 수 있는 능력을 나타냅니다. 예를 들어 성과가 좋은 영업사원이 있는데, 그가 모르는 사람을 고객으로 만들 수 있는 능력은 높겠지만, 직장 동료나 부하들과 많은 시간을 보내고 교류하는 것에는 부족한 면을 보일 수도 있겠지요. 이런 경우에 해당 영업사원은 비인지적 능력은 좋지만 사교성이 좋다고 볼 수는 없습니다.

하버드대학교의 데이비드 데밍David Deming 교수는 비인지적 능력이 좋은 근로자들은 동료들 구성이나 상황에 따라 본인이 가진 특성 중에서 상대적으로 팀에서 꼭 필요로 하는 특성을 선택해서 능력을 발휘한다는 점을 강조하였습니다.[32] 예를 들어, 프로젝트를 진행하며 경험이 많은 팀원들과 일을 할 때는 통계업무 등 실무업무를 맡지만, 경험이 적은 팀원들과 일을 할 때는 프로젝트의 방향을 설정하고 각 단계를 조율하고 정리하는 일을 맡는 등 역할을 적절히 바꾸는 것을 말합니다.

비인지적 능력이 특정한 개념으로 명확하게 정의되지 않아서 사람들의 비인지적 능력을 정확하게 측정하기는 어렵습니다. 때문에 비인지적인 능력이 사람들의 경제적 성과에 얼마나 영향을 미치는지 그 영향력을 측정하기도 어렵습니다. 가령, 비인지적 능력을 100점 만점으로 표시한다고 가정하고, 세 명의 근로자인 '가' '나' '다' 씨가 있다고 생각해보시죠. 비인지적 능력이 정확하게 측정이 되었다면 '가'씨는 80점, '나'씨는 70점, '다'씨는 20점이라고 합시다. 이들 세 명의 연봉은 가〉나〉다 순으로 높다고 가정할 수 있습니다.

그런데 현실에서는 이런 정확한 지표가 아닌 불완전한 지표만 존재하고, 그 불완전한 지표에 따르면 '가'와 '나' 씨는 90점, '다' 씨는 85점으로 측정된다고 생각해보겠습니다. 비인지적 능력에 대한 정확한 지표가 있었다면 비인지적 능력과 임금 간의 양의 상관관계를 명확하게 파악할 수 있지만, 불완전한 지표와 임금 간의 관계는 명확하게 드러나지 않습니다.

이러한 개념적인 모호성 이외에도 비인지적 능력을 측정하는 데는 기술적인 어려움도 있습니다. IQ나 성적과 같은 인지적인 능력은 전 세계적으로 통용되는 시험문제(테스트)가 존재합니다. 이런 테스트를 이용하면 국적, 언어와 상관없이 객관적인 지표로 한 사람의 인지적인 능력을 측정할 수 있습니다. 물론 시험 당일의 컨디션이나 시험 상황 등에 영향을 받을 수는 있지만, 반복해서 측정한다면 이런 오차를 상당히 줄일 수 있습니다.

하지만 비인지적 능력을 측정하는 데에는 거의 대부분 응답자의 답변, 즉 설문조사에 의존해야 합니다. 대답을 하는 사람이 스스로를 어떻게 생각하는지를 기준으로 측정되기 때문에 서로 다른 사람들을 직접 비교하는 데 적절하지 않을 가능성이 높습니다. 자신에게 엄격한 사람이라면 객관적 기준으로 볼 때 매우 성실하지만 스스로 성실하다고 생각하지 않을 수 있는 반면, 자신에게 너그러운 사람은 실제로는 별로 성실하지 않지만 스스로 성실하다고 생각할 수 있습니다. 이 경우 객관적으로는 엄격한 사람이 그렇지 않은 사람에 비해서 성실하지만, 주관적인 응답을 기준으로 하면 반대의 결과가 나오게 되는 것이지요.

IQ는 높은데 왜 성적이 나쁠까?

비인지적 능력의 중요성을 측정하는 데에 있어서 이런 현실적인 한계가 있지만, 경제학자들은 이미 비인지적 능력이 인지적 능력 못지않게 경제적으로 중요하다고 보고하고 있습니다. 2000년 노벨경제학상을 수상한 시카고대학교 제임스 해크만James Heckman 교수는 비인지적 능력의 중요성을 심도 있게 연구한 대표적인 경제학자입니다. 그는 2006년 발표한 논문[33]에서 개인의 성공에 있어서 비인지적 능력의 중요성을 강조했습니다.

인지적인 능력은 IQ나 성적 등으로 표출되고, 비인지적인 능력은 자기통제감Rotter Locus of Control(개인이 자신의 삶을 얼마만큼 통제할 수 있다고 느끼는지, 즉 나의 노력으로 내 삶이 나아질 수 있다고 생각하는지에 대한 감각)과 자신감Rosenberg Self-esteem(스스로가 얼마나 가치 있는 사람이라고 생각하는지에 대한 감정)으로 표출된다고 해크만 교수의 연구팀은 가정하였습니다. 이런 가정 하에 인지적 능력과 비인지적 능력이 사람들의 삶의 과정에 따라 여러 경로를 통해서 최종학력, 임금, 취업 여부 등 다양한 결과물에 얼마만큼의 영향을 미치는지를 통계적으로 추정하였습니다.

연구 결과, 개인 임금 간의 분포를 설명하는 데는 인지적 능력이 비인지적 능력보다 높은 영향력을 보이지만, 능력이 증가하면 얼마만큼의 임금을 추가적으로 얻을 수 있는가라는 측면에서는 인지적 능력과 비인지적 능력이 같은 수준의 영향력을 나타냈습니다. 더욱이 비인지적 능력은 최종학력, 취업률, 경력, 직업 선택뿐만 아니라 범죄 등 위험한 행동을 할 가능성 등에서도 인지적 능력보다 더 중요한 영향을 끼친다고 합니다.

자기통제감과 자신감 이외에도 심리학 빅5의 한 요소로 측정하고 있는 '성실성'은 학력, 임금, 건강 등 여러 성과지표와 양의 상관관계를 보이고 있습니다. 여기서의 성실성이란 정리정돈을 잘 하고, 책임감이 있으며, 열심히 일하려는 경향성을 의미합니다. 미국인들을 사회 초년생부터 60대 은퇴할 때까지 분석한 논문에 따르면, 성실성이 높은 사람은 그렇지 않은 사람에 비해서 일생 동안 약 15퍼센트 높은 임금을 받으며, 이 효과는 사회 초년생 때는 미미하지만 40대부터 격차가 더 벌어지게 된다고 합니다.[34] 또 성실성으로 얻을 수 있는 경제적인 이득은 고졸자에 비해 대졸자에게서 약 두 배가량 높게 나타납니다.

비인지적 능력이 사람들의 다양한 성과에 중요한 역할을 한다고 하더라도 이를 개발할 방법이 없다면 현실적으로 중요성이 적어집니다. 사람의 본성은 바꾸기 어렵다고들 알려져 있는데 비인지적 능력의 상당수가 성격적 특성과 관련이 있기 때문입니다. 실제로 각종 연구에 따르면 사람들의 성격적 특성은 상대적으로 크게 변하지 않지만, 나이에 따라서는 변화하는 것으로 보고되고 있습니다.

성실성의 경우 나이가 들어가면서 대체로 증가하는 패턴을 보입니다. 아직까지 학자들이 구체적인 이유, 즉 메커니즘까지는 밝히지 못하지만 아이들이 자라면서 성실할 때 칭찬을 받는 사회적인 경험이 쌓이면 성실성이 대체로 증가한다고 예상할 수 있습니다.

앞서 말씀드렸던 해크만 교수는 부모의 자녀 교육, 아이들 숙제를 돕는 방과 후 프로그램을 포함한 교육 정책 등이 성격적 특성에 영향을 줄 수 있다는 연구 결과가 계속 나오고 있다고 전했습니다. 해크만 교수 연구팀이 중점적으로 연구했던 미국의 페리유아교육 프로그램Perry Preschool Program은 1962년부터 1967년까지 저소득층 흑인 가정의 3~4세 아이들 중에서 평균보다 낮은 지능을 가진 123명을 대상으로 한 교육 프로그램입니다. 123명의 아이들 중에서 무작위로 선택된 실험군에는 교육 프로그램이 제공되었고, 나머지는 대조군으로 정보만 습득하였습니다.

이 프로그램은 하루 2.5시간 동안 아이들에게 학습과정을 제공하였고, 교사가 가정을 방문하여 부모들에게 자녀와 효과적이고 긍정적인 관계를 맺을 수 있도록 도와주었습니다. 또한 아이들에게 계획성을 높이기 위한 '계획−실행−검토법plan-do-review sequence'이라는 방법을 제안하였지요. 이는 아이들에게 스스로 계획을 세우도록 하고, 이에 따라 실행한 다음에, 그 계획과 실행 결과를 선생님과 다른 아이들과 함께 검토하는 것입니다. 이 과정을 통해서 어떠한 문제가 생겼을 때 다른 사람들과 협업해서 문제를 해결하는 방법을 배우게 되는 것이지요.

페리 유아교육 프로그램은 아이별로 2년 동안만 제공되었지만, 대조군과 실험군에 참여했던 사람들의 정보를 성인이 될 때까지 계속 수집하였습니다. 그 결과 2년간의 유아교육이 단기, 중기, 장기에 걸쳐서 어떠한 영향을 미쳤는지 통계를 통해 인과관계를 측정할 수 있었습니다. 데이터 분석 결과, 실험군으로 뽑혀서 교육 프로그램을 제공받은 사람들은 혜택을 받지 못한 대조군에 비해서 성인이 된 이후까지 상당한 차이를 보였습니다.

학업성적(인지적 능력)은 유아기 교육 프로그램을 받을 당시와 교육이 끝나고 얼마 지나지 않았을 시기에는 대조군에 대비해서 높은 수준을 보였지만, 시간이 지남에 따라서 그 효과는 모두 사라졌습니다. 하지만 혜택을 받은 실험군의 아이들은 대조군에 비해서 학교를 중퇴하거나, 범죄에 연루되거나, 미성년 임신 등 여러 가지 위험 행동이 매우 적게 발생하였습니다. 또한 최종학력이나 취업, 임금, 결혼 및 건강 등 다양한 지표에 있어서 긍정적인 성과를 보였습니다.

이 결과는 인지적 능력이 높지 않더라도 계획성이라는 비인지적 능력을 키우는 것과, 부모와 자식 간의 협력 관계를 형성하는 것이 아이들의 장래에 중요한 영향을 미칠 수 있음을 보여주는 실제 결과입니다.

페리 유아교육 프로그램에서 제공한 '계획-실행-검토법'을 저 또한 이 책을 읽으시는 부모님께서 자녀 교육에 적극 사용하시길 권합니다. 제가 지난 15년간 미국과 한국에서 대학생, 대학원생을 지켜본 바로는 학업성적이 매우 높은 학생들이 계획력과 실행능력 모두에서 우수했습니다.

그런데 학생들 대부분은 그렇지 못하지요. 일단 본인이 무슨 일을 얼마만큼, 언제까지 해야 하는지에 대한 판단이 현실적이지 않습니다. 본인의 능력에 맞지 않은 무리한 목표를 자의적으로 세우고, 목표를 달성할 수 있는 현실적인 계획이 있는지 여부에 대해 깊이 생각하지 않습니다. 당연히 이런 경우에는 연구나 학업에 진척이 없습니다.

이런 제 경험은 학술연구로도 입증되고 있습니다. 성취도가 낮은 학생들을 어떻게 하면 성공적인 학생으로 만들 것인지에 대한 연구로 유명한 교육심리학자인 나탈리 래트본Natalie Rathvon 박사 역시 비슷한 문제를 지적합니다. IQ가 높은 아이들 중에서 학업성적이 좋지 않은 경우가 종종 있는데, 이런 경우 아이들이 정리정돈을 잘 하지 못하고, 계획성 있게 행동하는 능력이 부족한 경우가 많다고 보고합니다.[35]

우리나라 속담에 "구슬이 서 말이라도 꿰어야 보배"라는 말이 있습니다. 타고난 IQ가 높다고 하더라도 이를 잘 개발하고 발전시켜야 어른이 되어서 능력 있는 사회인이 될 수 있는데, 아무리 IQ가 높다고 한들 숙제나 각 학년별로 배워야 하는 지식과 사회성을 계획적으로 꾸준히 습득하지 못한다면 어른이 되어도 본인이 가진 IQ를 제대로 발현한 결과를 가지지 못하게 됩니다.

래트본 박사에 따르면, 우선 부모님들은 자녀와 지속적으로 대화하고 생활하면서 모든 것을 노력으로 바꿀 수 있다는 긍정적인 관점을 아이들에게 교육시키셔야 합니다. 특히 아이들에게 조언만 하는 것이 아니라, 아이들이 직면하고 있는 문제들을 해결할 수 있도록 그 과정 안에서 도와주는 것이 중요합니다. 부모님께서 단순히 '너는 할 수 있어'라고 말하는 것은 도움이 되지 않고 오히려 아이들에게 좌절감만 안겨줄 수 있습니다. 대신 문제를 해결하는 과정에 직접 참여하고 필요하면 도움을 주는 것이 좋습니다.

래트본 박사가 추천한 방법 중에 제가 공유하고 싶은 두 가지 방법이 있습니다. 첫째는 우선 부모님들께서 집 안의 모든 것이 예측가능하게 돌아갈 수 있도록 집 안을 정리하고, 하루일과도 체계적으로 설계하시라는 것입니다. 아이가 집에 들어오면 몇 시에 저녁을 먹고 몇 시에 TV를 보고 몇 시에 숙제를 하는지 등의 하루일과가 큰 변화 없이 지속되어야 한다는 것이지요. 집 안 물건들도 무엇이 어디에 있는지가 정해져 있어야 합니다. 그래야 아이들이 집에 있을 때만큼은 혼돈 없이 안정적으로 생활할 수 있고, 심리적인 안정도 찾을 수 있습니다.

두 번째는 자녀가 집에 있을 때, 특히 숙제할 때 옆에 계셔주시는 것입니다. 부모님들이 자녀의 공부시간을 알고, 자녀가 숙제할 때 옆에 있으면서 필요시에 도움을 주는 것이 중요합니다. 즉 부모님께서 자녀의 공부나 숙제에 중요한 가치를 두고 있다는 것을 첫째는 우선 부모님들께서 집 안의 모든 것이 예측가능하게 돌아갈 수 있도록 집 안을 정리하고, 하루일과도 체계적으로 설계하세요. 두 번째는 자녀가 집에 있을 때, 특히 숙제할 때 옆에 계셔주시는 것입니다.

몸소 보여주시는 것이지요.

끈기 역시 비인지적 능력 가운데 주목을 많이 받는 특성입니다. 세계적으로 큰 업적을 이룬 사람들 대부분이 이에 상응하는 어려움을 겪었다고 합니다. 이런 어려움에도 노력을 포기하지 않는 끈기가 중요한 것은 당연한 일이겠지요.

미국 스탠퍼드대학교의 심리학자인 캐롤 드웩Carol Dweck 교수는 적절한 사고방식을 교육받고 훈련함으로써 아이들의 끈기가 강해질 수 있다고 보고하고 있습니다. 부모와 교사가 아이들에게 '능력은 고정된 것, 타고난 것이 아니라 노력으로 얼마든지 키울 수 있다'는 믿음과 유연한 사고방식을 가르친 경우, 그렇지 않은 아이들에 비해서 끈기가 강해졌다고 합니다.

이와 관련하여 한 가지 생각할 점이 있는데요, '기억력은 나이 들수록 감소한다'와 같은 고정관념을 계속 접하며 자란 아이들은 실제로 기억력이 나빠졌다고 합니다. 인도의 한 농촌에서 아이들을 대상으로 자신의 계급(카스트)이 무엇인지 인지하게 한 후 시험을 치렀는데, 자신의 낮은 신분을 의식하며 시험을 친 아이들은 성적이 통계적으로 유의미하게 하락하였다고 합니다. 이런 연구 결과들은 부모, 교사, 아이들이 부적절한 통념에 사로잡힌 것이 얼마나 무서운 결과를 초래하는지 잘 보여주는 연구들입니다.

　한국에서 흔히 회자되는 '흙수저' '삼포세대' '이생망(이번 생은 망했다)' 같은 단어들은 공통적으로 '나의 노력으로는 내 인생을 더 나아지게 바꿀 수 없다'라는 부정적인 의미를 담고 있습니다. 앞서 설명한 비인지적 능력 중에서 자기통제를 낮추는 인식들이지요. 현실 앞에서 이런 탄식을 할 수는 있지만, 자녀의 앞길을 위해서는 부모님께서 먼저 할 수 있는 최선을 다하고, 새로운 길을 모색하여 어려움을 극복하는 롤모델을 보여주시면 좋겠습니다. 무심코 내뱉은 말 한마디가 자녀 인생의 중대한 선택을 좌우할 수 있는 선입견을 만들기 때문입니다.

이제부터 무엇을 준비할 것인가

PART 3

제가 학생들에게 자주 들려주는 비유가 있습니다.
깜깜한 방에 들어갑니다.
그 방 안에는 내가 누구인지를 알려주는
'나'의 조각상이 있습니다.
그 조각상은 독수리일 수도, 코끼리일 수도 있습니다.
그렇지만 방이 너무 어두워서 무엇인지 형태도,
색깔도 전혀 구분할 수 없습니다.
이럴 때 내가 누구인지를 알기 위해서는 외부에서
빛이 들어와야 합니다.

빛을 들여오는 방법은 학습입니다.
내가 모르는 분야에 대해서 책을 읽거나,
강의를 듣거나, 다큐멘터리를 보거나,
직접 경험해보거나 하는 방법들 말입니다.

미래의 커리어는 강의실에서부터

제가 교수로 근무했던 메릴랜드대학교는 경제학과를 기준으로 하면 미국 상위 20위에 랭크된 명문대학입니다. 미국 대학은 등록금이 매우 비싸다고 악명이 높지만, 주립대학은 해당 주 출신 학생들에게는 낮은 수준의 등록금을 특례로 제공합니다. 그 학생들의 부모님이 이미 주에 세금을 내는 거주자이기 때문에 혜택을 주는 것이지요. 이 때문에 성적이 뛰어나더라도 집안 사정상 등록금 부담이 어려운 경우에는 아이비리그 같은 사립대학 대신, 메릴랜드대학교처럼 명문 주립대학으로 진학합니다. 동시에 등록금 부담이 적기 때문에 저소득층, 이민자 자녀도 주립대학으로 진학을 하게 됩니다.

이런 이유로 미국 사립명문대학교에 비해서 주립대학교는 학생들 간에 학력 편차가 매우 큽니다. 제가 주립대학교에서 경제학을 가르치다 보니 제 수업을 듣는 학생들을 보아도 기초지식에 대한 이해도에 학생별 차이가 많았습니다. 일부 학생들은 기초지식이 많은 상태에서 수강하고, 다른 학생들은 고등학교에서 배워야 하는 미적분이나 기초적인 대수학 내용을 다시 가르쳐야 하는 경우가 다반사였습니다. 제가 대학교를 다녔을 때나, 강의 조교로 일했던 스탠퍼드대학교에서는 수학적 기초가 부족한 학생들을 만날 기회가 많지 않았기에 매릴랜드대학교에서 학생들을 가르치며 처음에는 적잖이 당황했던 기억이 있습니다.

그렇지만 수학적 기초가 어느 정도 준비되었는지 여부와 관계없이 제 수업에 등록한 학생들에게는 한 가지 공통점이 있었습니다. 그것은 어떤 이유에서든 제가 가르치는 과목이 본인에게 필요하다고 스스로 판단해서 수강을 했다는 점입니다. 특히 수학의 기초가 부족한 학생일수록 제 과목을 따라가기가 쉽지 않으니, 정말로 이 과목이 필요하다고 생각한 경우에만 등록하는 경향이 있었습니다.

이런 학생들은 목적의식이 분명해서 기초가 약하더라도 강의나 수업참여, 과제물 등에 노력을 굉장히 많이 기울입니다. 그리고 제가 과제로 내온 논문들을 읽고 수업시간에 자기 생각을 발표하거나 질문하는 데 거리낌이 없었습니다. 이런 학생들은 기초지식을 보완해줄 수 있는 보충교재나 추가적인 설명들을 조금 제공해주면 부족한 부분을 스스로 공부해오기 때문에 한 학기 동안 무리 없이 진도를 따라오더군요. 수업시간에도 두각을 드러내는 경우를 자주 볼 수 있었지요.

그런데 한국에 돌아와서 수업을 진행해보니, 본인이 왜 이 수업을 듣는지 목적의식이 분명하지 않은 학생들이 상당수였습니다. 학생들은 '그냥 남들이 다 들으니까' '필수 과목이라서' '복수전공 또는 부전공으로 경제학을 선택하는 것이 좋아보여서' 혹은 '시간표에 맞게 적당히 학점을 채울 과목을 찾다 보니' 등등의 이유로 수강할 과목을 정하곤 합니다.

특정 수업을 들어서 무엇을 배우고 얻겠다는 목적이 없으니 동기부여가 되지 않은 채 수업을 듣게 되고, 수동적으로 수업에 참여하고, 최소한의 노력으로 최대한의 학점을 받겠다는 얄팍한 태도로 수업에 임하는 학생들이 꽤 보였습니다.

이런 자세는 우리 아이들이 실생활에서 학습을 발판으로 성공적인 사회인이 되는 길을 가로막을 수 있습니다. 일단 이런 태도는 전문성을 취득하는 측면에서 장애가 됩니다. 학생의 입장에서는 한 학기 동안 최소한의 노력으로 수업을 들어서 적당한 학점을 취득하는 것이 맞다고 생각할 수도 있습니다. 하지만 그런 태도로 공부한다면 어떠한 과목도, 어떠한 분야도 남들에 비해서 더 능력이 있다는 말을 들을 수 없습니다. 성적은 좋지만 수많은 지원자와 다를 바 없는, 특색 없는 사람들 중 한 명이 되어버리는 것이지요.

특수한 분야를 배우는 이공계 대학원 과정을 졸업한 것이 아니라면 일반적인 지식을 습득하는 제너럴리스트generalist로 교육을 받게 되는데, 일반적인 제너럴리스트는 오늘날 한국의 노동시장에서 점점 수요가 줄고 있습니다. 결국 대학을 나왔지만, 심지어 그냥 수업만 열심히 들어서는 안 되고, 장래 내 커리어에 도움을 줄 수 있는 교수님께 내가 누구이고, 무엇에 관심이 있으며, 어떤 일을 잘할 수 있는지 적극적으로 알리는 자세가 중요합니다.

명문대를 졸업했지만 취업에 어려움을 겪는 상황이 생기는 것이지요.

이보다도 더 중요한 문제가 있습니다. 대학입시 때와 달리, 대학에서의 성공은 학점이 전부가 아닙니다. 내가 어떠한 진로를 택하고 싶은지, 내가 가고 싶은 진로에 어떠한 과목이, 혹은 어떤 교수님이 도움을 줄 수 있는지를 파악한 뒤 이에 맞게 수업을 들어야 합니다.

그냥 수업만 열심히 들어서는 안 되고, 장래 내 커리어에 도움을 줄 수 있는 교수님께 내가 누구이고, 무엇에 관심이 있으며, 어떤 일을 잘할 수 있는지 적극적으로 알리는 자세가 중요합니다. 그렇게 하지 않으면 대학을 졸업하고도 나에 대해서 잘 아는 교수님이 아무도 없게 되고, 이는 나를 위해서 추천서를 써주거나, 연구조교 혹은 인턴의 기회를 제공해주거나, 취업에 도움을 줄 수 있는 전문가가 아무도 없다는 의미입니다.

미국에서 학생들을 지도할 때는 제 상담시간에 학생들이 항상 한둘씩은 반드시 들러서 자신의 진로나 수업 성과에 대해서 문의하곤 했었습니다. 수업 때 잘 따라오지 못한 내용도 연구실을 방문하여 질문하기도 하고요.

이 친구들이 상담시간에 방문하는 이유는 물론 일차적으로는 학점을 잘 받기 위해서입니다. 하지만 그보다 더 중요한 이유는 본인들이 잘 이해하지 못했던 내용을 확실히 확인하기 위해서이고, 저에게 자신들이 어떤 사람인지 알리기 위해서입니다. 이렇게 학생들을 만나다 보면 학점이 에이플러스이든 아니든 상관없이 학생들의 장점에 따라서 지도도 해주고 대학원 지원이나 인턴십 지원 때 추천서를 써주게 됩니다.

그런데 한국에서 상담시간을 개설해보면 학생들이 잘 오지도 않고, 수업 때 질문도 거의 하지 않습니다. 수업을 듣는 학생들은 많은데, 특징 없이 수동적으로 수업을 듣기 때문에 수업을 가르치는 저 같은 교수 입장에서는 시간이 지나면 누가 누군지 대부분 기억이 나지 않습니다. 드문드문 몇 년이 흐르고 추천서를 써달라는 요청을 이메일로 받곤 하는데, 참으로 난감합니다. 수업을 들었던 많은 학생 중에 한 명일 뿐 전혀 기억에도 없는데 어떻게 추천서를 써줄 수 있겠습니까?

결국 학습능력이 뛰어나려면 본인이 무엇을 하고자 하는지 목적이 분명해야 합니다. 목적이 설정되어야 그 목적을 달성하기 위해서 무엇을 배울지를 특정할 수 있기 때문입니다.

메릴랜드대학교에서 학생들이 제 수업을 들은 이유는 대개 두 가지였습니다. 첫 번째 이유는 경제학 박사 과정에 진학하기 위해서, 혹은 'honors thesis(우수 학부 학생들의 졸업논문)'를 작성하기 위해서입니다. 이른바 공부를 잘 하는 학생들이지요. 두 번째 이유는 본인이 수학적 기초지식이 약하지만, 제 수업이 향후 취업에 도움이 될 것이라고 생각하는 학생들이었습니다.

제가 학부생을 대상으로 가르친 과목은 임금, 실업 등을 다루는 노동경제학 과목이었고, 노동경제학을 다루면서 통계와 데이터 분석을 가르쳤습니다. 제 학생들 중에는 경제학에 관심이 있다기보다는 인사관리 쪽으로 취업을 하고자 하거나, 통계 분석의 경험을 가지고 싶어서 수강하는 학생들도 다수 있었습니다. 이 친구들은 향후 취업에 뜻을 두고 있기에 수업시간에 관련 자료나 논문을 읽는 데 적극적이었고, 현실 문제와 관련된 질문들을 수업시간 중에 활발하게 던졌습니다.

이 두 그룹 중 어떤 경우도 수업시간에 들락날락한다거나 핸드폰을 만지작거리는 동작도, 그리고 잡담조차 하지 않았습니다. 그런데 한국에서 수업을 할 때면 본인이 왜 이 수업을 듣는지, 이 수업이 본인 인생에 어떤 도움이 될지 명확한 인식 없이 수강신청을 하여 수업 태도가 좋지 않은 경우가 적지 않았습니다. 태도의 문제를 말하고자 하는 것이 아닙니다. 그런 태도는 목적의식 부재에서 기인합니다.

전공을 선택하고 대학교에 진학했다면 수강 시간표를 짤 때 본인이 원하는 과목, 커리큘럼을 한 번 더 생각하고 능동적인 태도로 수업에 참여해야 합니다. 그리하면 학점의 차이는 크지 않을지라도, 한 학기가 지났을 무렵 학생들이 배운 내용, 지식의 정도, 학습 효과에서 당연히 차이가 날 수밖에 없으니까요.

진로의 설계도를 그리다

학생들을 상담하면서 제일 곤란한 부분은 학생들 스스로 자신이 무엇을 원하는지 모르는 경우가 종종 있다는 점입니다. 저는 학생들과 진로, 취업에 대한 이야기를 자주 나누는데요, 보통 학생들에게 원하는 직업이 무엇인지, 그리고 그 직업을 갖기 위해서 어떠한 구체적인 노력을 기울였는지 제일 처음 묻습니다. 그런데 학생들 대부분은 어떤 직업을 원하는지 물으면 대답을 못 합니다. 그 이유는 학생들이 직업profession이 아니라 직위title나 회사company에 관심이 있기 때문입니다.

예를 들어 어떤 직업을 원하는지 물으면 '공기업에 취업하고 싶다' '대기업에 취업하고 싶다' '국제기구에서 근무하고 싶다'라고 말하곤 합니다. 그럼 제가 되묻습니다. 그런 큰 조직에는 CEO부터 건물관리인까지 근무하고 계신데 어떤 일을 하고 싶은 것인지를요. 거의 대부분 답을 잘 하지 못하고 머뭇거립니다. 왜냐하면 '자신이 어떤 분야의 전문가가 되어서 사회에 기여하고 싶은지'와 같은 역할에 대한 답이 아니라 '어떤 혜택을 누리고 싶은지'에만 생각의 초점이 맞추어져 있기 때문입니다.

대학교 3학년 초에는 직위나 회사와 관계없이 내가 어떤 종류의 일을 잘 하는지, 관심이 있는지, 어떤 분야·산업에 관심이 있는지, 그 분야·산업에서 전문가로 성공할 가능성이 어느 정도인지에 대한 답을 가지고 있어야 합니다. 취업과 관련한 질문에 대한 대답을 가지기 위해서는 대학교 1학년 1학기부터 진로의 설계도를 그리고, 의도적이고 전략적인 과정을 통해서 공부하고 준비해야 합니다. 그런데 제가 만난 학생 중 상당수는 본인이 어떤 종류의 일을 잘 하는지, 관심이 있는지에 대한 답을 머뭇거렸습니다.

이를 위해서는 내가 어떤 사람인지에 대한 이해가 제일 먼저 선행되어야 합니다. 제가 학생들에게 자주 들려주는 비유가 있습니다. 깜깜한 방에 들어갑니다. 그 방 안에는 내가 누구인지를 알려주는 '나'의 조각상이 있습니다. 그 조각상은 독수리일 수도, 코끼리일 수도 있습니다. 그렇지만 방이 너무 어두워서 무엇인지 형태도, 색깔도 전혀 구분할 수 없습니다. 이럴 때 내가 누구인지를 알기 위해서는 외부에서 빛이 들어와야 합니다. 빛을 들여오는 방법은 학습입니다. 내가 모르는 분야에 대해서 책을 읽거나, 강의를 듣거나, 다큐멘터리를 보거나, 직접 경험해보거나 하는 방법들 말입니다.

이런 학습을 통해서 '아, 세상에 이런 측면이 있구나' '나도 한번 해보고 싶다' '할 수 있을 것 같다'라는 자각이 들어야 새로운 시도를 해볼 수 있고, 나 자신에 대해서도 생각해볼 수 있겠지요. 외부에서 아무 자극도 받지 않는다면 자신에 대해서 무지한 상태로 성인이 되고, 다른 사람들이 규정해놓은 인생의 궤적만 따라가게 됩니다.

외부에서 자극을 받는 방법 몇 가지를 제안하고 싶습니다. 첫 번째는 시간적, 금전적인 한도 내에서 아이들에게 가능한 많은 경험을 쌓게 해주시라고 말씀드리고 싶습니다. 부모님 중에서는 영어유치원을 비롯해 각종 학원을 등록해서 여유가 없다고 말씀하시는 분도 있을 것입니다. 그런데 제가 말씀드리는 경험은 학력과 관련한 경험이 아닙니다. 세상에 다양한 나라와 인종들이 살고, 각기 다른 문화와 전통이 있으며, 나라마다 고유한 전문 분야라는 것이 있다는, 그러니까 자녀들에게 다양성의 경험을 제공해주시기를 부탁드리는 것입니다.

저를 예로 들어보겠습니다. 저는 1975년생입니다. 제가 중학교 2학년이던 1989년에야 비로소 우리 나라 사람들은 해외여행을 자유롭게 할 수 있게 되었습니다. 그전까지는 외화가 귀하다는 이유로, 한 푼이라도 달러를 더 모으기 위해 정부가 수입을 억

세상에 다양한 나라와 인종들이 살고, 각기 다른 문화와 전통이 있으며, 나라마다 고유한 전문 분야라는 것이 있다는, 그러니까 자녀들에게 다양성의 경험을 제공해주시기를 부탁드리는 것입니다.

제하고 해외여행도 허가를 잘 해주지 않았습니다. 이런 빗장이 1989년에 처음 열렸습니다. 해외여행이 자유화된 이후 부모님은 저와 동생을 데리고 대만을 시작으로 일본, 동남아시아, 중국 등 여러 나라에 다니셨습니다.

중학교 2학년 때 처음 대만으로 단체여행을 갔는데, 대만국립박물관에 전시된 진귀한 보물들을 보면서 처음 한국이란 울타리를 벗어나 세계 여러 나라 문화의 위대함도 알게 되었습니다. 한참 국력이 정점을 달리던 일본에 방문해서는 한국보다 부유한 나라 사람들의 삶과 쓰레기 한 점 없는 깨끗한 거리를 보고 감탄했던 기억도 납니다.

이런 해외여행 경험으로 저는 외국어를 잘 할 수 있으면 좋겠다, 이렇게 넓은 세상에서 다양한 문화를 경험하며 지내면 좋겠다라는 생각을 했던 것 같습니다. 아마도 이런 경험들이 있었기에 대학생이 되어서 중국어, 일본어, 영어를 배우려고 대학교 수업과 학원 강의를 수강하며 부단히 노력했던 것이지요.

한국은 기본적으로 민족, 종교, 역사적 문화적 경험에 있어서 동질성이 너무도 높은 나라입니다. 한국에서 한 드라마가 인기를 끌면 5천만 인구의 대부분이 해당 드라마와 영화를 봅니다. 많은 사람들이 동일한 드라마에 끌렸다는 것은 그만큼 문화적 동일성이 높다는 의미이지요. 결국 한국 안에는 나와 비슷한 사람이 너무 많다는 의미입니다. 모든 사람들이 다 나와 비슷하게 생겼고, 비슷한 음식을 먹고, 비슷한 노래를 듣고, 비슷한 생활을 하기 때문에 '나'라는 개인이 어떤 특징을 가지고 있는지 파악하기가 쉽지 않습니다.

　더욱이 성장 과정도 대략 비슷하여, 나를 남과 구분 짓는 특별한 경험을 하기도 쉽지 않습니다. 반면, 한국이나 동아시아를 벗어난 문화권에 가보면 한국에서의 생활방식, 사고방식이 일반적이지 않다는 것을 대번에 알게 됩니다. 왜 이 나라 사람들은 우리와 다른 생활방식, 사고방식을 가진 것인지, 어떤 방식이 더 나은 방식인지 생각해보는 과정을 거치면서 한국과 세계, 나와 남을 구분할 수 있는 특징들을 발견하게 됩니다.

　여러 문화권과 여러 분야에 경험을 갖는 방법으로는 해외에 방문하거나 살아보는 방법, 특정 분야를 공부하는 방법 등 다양한 방법이 있습니다. 다만 현실적으로 비용과 시간을 고려하지 않을 수 없겠지요. 짧은 기간이라도, 가까운 곳이더라도 한국과 다른 세계가 있다는 것을 아이들에게 보여줄 수 있는 여행은 적극적으로 권하고 싶습니다.

　OTT나 유튜브를 적극적으로 활용하는 방법도 있습니다. 넷플릭스, 디즈니플러스, 애플티비 같은 외국계 OTT에서는 세계 역사나 위인들에 대한 다큐멘터리 혹은 드라마를 많이 제공하고 있습니다. 영국의 정치가 윈스턴 처칠의 이야기를 다룬 영화 〈다키스트 아워Darkest Hour〉를 보면서 자녀들과 제2차 세계대전이 한창인 유럽으로 시간여행을 떠나볼 수도 있겠지요. 자녀들과 함께 〈다운튼 애비Downton Abbey〉라는 드라마를 보며 영국의 계급사회, 남성 중심 사회의 일면에 대해서도 이야기 나눌 수 있겠고요. 영국 귀족사회를 지탱해온 저력인 노블리스 오블리주도 설명해줄 수 있겠습니다.

부모님들 가운데에는 영상 시청이 자녀에게 나쁜 영향을 미치지 않을까 걱정하시는 분들도 있을 것입니다. TV나 영상뿐만 아니라 가공식품, 단당류 탄수화물, 술같이 중독을 일으킬 수 있는 모든 것들에는 주의가 필요합니다. 하지만 중독을 일으킬 수 있는 물질이라도 적절히 사용하면 도움이 될 수도 있습니다.

영상과 관련해서는 내용만 잘 선정한다면 아이들의 발달에 도움이 될 수 있다는 연구들이 경제학계에서 보고되고 있습니다. 겐스코프와 샤피로Gentzkow & Shapiro 교수팀은 TV 시청이 아이들의 학업성적에 긍정적인 영향을 미칠 수 있으며, 특히 미국 사회에 대한 이해나, 부모로부터 제대로 교육을 받기 어려운 이민자, 저소득층 아이들에게 도움이 된다고 보고하였습니다.[36]

커니와 레빈Kearney & Levine 교수팀은 〈세서미 스트리트Sesame Street〉가 아이들의 교육에 어떠한 영향을 미쳤는지 분석하였는데요,[37] 매우 유명한 이 프로그램은 1969년 처음 방영이 되어 초등학교 취학 이전의 아이들에게 다양한 내용의 교육을 제공해왔습니다. 이러한 프로그램은 부모님들이 자녀 교육에 관심이 없거나, 높은 수준의 교육을 제공하는 유치원, 유아원에 갈 수 없는 아이들에게 큰 도움이 되었지요. 커니와 레빈 교수팀은 〈세서미 스트리트〉 덕분에 특히 히스패닉이나 흑인 가정의 아이들, 그리고 남자 아이들의 학력이 향상되었다고 발표하였습니다.

혼자만의 능력으론 불가능하다

인간은 아무리 지적으로나 신체적으로 천재적인 조건을 가지고 태어났다고 하더라도 부모님이나 선생님 등 주변 사람들로부터 보살핌을 받지 않으면 제대로 성장할 수 없습니다. 설령 부단한 노력 끝에 전문적인 능력을 갖추게 되더라도 이 능력을 사회에서 잘 발현하기 위해서는 사회적인 관계를 잘 파악하고 어떻게 자기의 자리를 구축할지 잘 알아야 합니다.

그렇기에 부모님들께서 자녀들의 예의범절, 에티켓, 혹은 친절함에 대한 태도에 관심을 가지셔야 하는 이유는 더욱 자명합니다. 아무도 무례한 사람에게는 호의를 베풀고 싶어하지 않습니다. 당연히 무례한 사람을 동료로 두고 같이 일하고 싶어하지도 않지요. 상급자나 하급자는 더 말할 것도 없습니다.

친절함, 예의범절, 매너는 타인이 나에게 호의를 베풀게끔 만드는 매력적인 능력입니다. 나에게 조금이라도 친절을 베푼 분들께 감사하다는 말을 전하거나, 이메일이나 메시지를 보내는 일 등은 그다지 큰 노력이 필요한 일이 아닙니다. 내 아이가 선생님들께, 친구들에게, 주위 어른들에게 사랑받고 인정받고 도움을 받을 수 있다면 얼마나 더 잘 성장할 수 있겠습니까? 친절한 태도, 예의 바른 자세, 감사하는 마음을 보이는 아이에게는 선생님이나 주위 어른들이 자연스럽게 더 도와주고 싶은 마음이 들지 않겠습니까.

제가 부모님께 듣고 자란 교육에는 어른들에게 인사를 잘 해라, 누가 나를 위해서 시간을 내줄 때에는 빈손으로 가지 말라는 가르침이 있었습니다. 아파트에서 안전이나 미화를 담당하는 어른들을 뵈면 반드시 인사하라고 교육받았고, 학교에서 교수님들께 수업내용을 질문하러 찾아뵐 때도 캔커피를 가지고 갔던 기억이 있습니다.

제 부모님의 교육은 어떻게 보면 장유유서에 기반한 한국적인 전통이라고 볼 수 있지요. 미국에 장유유서의 전통은 없습니다만, 인간으로서의 존중, 감사의 표시를 받는 것은 모두가 좋아합니다. 안부인사나 감사의 말씀을 드리는 것이 크게 시간이나 돈이 드는 일도 아니니 말이죠.

그래서인지 제가 스탠퍼드대학교에서, 메릴랜드대학교에서, 하버드대학교 방문을 통해서 알게 된 직원분들 중에는 SNS나 이메일을 통해서 가끔씩 안부를 주고받는 분들이 아직도 계십니다. 어떤 의미에서는 친구가 된 관계들인데요, 제가 직장을 바꿀 때 급하게 미국에서 서류를 받아야 하는 난감한 경우에 크게 도움을 받은 적이 있습니다. 아마 누가 요청하더라도 서류발급을 도와주시긴 했지만, 평소에 좋은 관계를 유지한 것이 아무래도 도움이 되었다고 생각됩니다.

무례함은 권리나 권력에 따라오는 과실이 아니라 무식함의 열매입니다. 순간의 우월감을 느낄 수 있을지 몰라도, 불필요하게 타인의 분노와 원망을 사는 일입니다. 자녀의 성장을 원하신다면 예의범절과 에티켓을 갖춘 사람으로 성장하도록 어릴 때부터 교육해주시기 바랍니다.

그런가 하면 대한민국이 아닌 다른 나라 사회는 어떻게 작동하는지에 대한 지식도 아이들이 배울 수 있도록 부모님께서 도와주시면 더 좋겠습니다. 세계 주요 문화권에 대한 지식은 세계시민으로서 당연히 갖춰야 하는 상식이지만, 보다 현실적인 측면에서도 반드시 알아야 할 대상이기도 합니다. 한국은 대외무역 의존도가 높은 국가입니다. GDP 대비 수출입 총액이 2020년 기준으로 73퍼센트에 달합니다. 그런데 젊은이들이 일하고 싶어 하는 기업은 대부분 수출에 의존하는 기업입니다. 즉 한국에서 직장을 잡으려고 하더라도 세계를 모르고서는 제대로 일을 할 수 없다는 의미입니다.

세계 국가들 사이에서 정치적으로, 경제적으로, 문화적으로 한국이 어디에 자리하고 있는지, 우리와 다른 배경을 가진 나라들의 사람들과 어떻게 생산적이고 우호적인 관계를 맺을 수 있는지 문화적 소양을 갖추는 것이 필요하다는 의미입니다.

도움이 될 만한 책 한 권을 소개해드립니다. 프랑스 인시아드 INSEAD 경영대 에린 메이어Erin Meyer 교수가 쓴《컬처 맵The Culture Map》이란 책입니다. 각 문화권별로 사람들이 어떠한 방식으로 의사소통을 하는지 체계적으로 정리한 책입니다. 저는 이 책을 읽으면서 제가 미국 유학 때 왠지 모르게 어려웠던 부분들이나, 미국에서 생활하면서 만났던 세계 각국 친구들의 특징을 되짚어보고 이해하는 데 많은 도움을 받았습니다.

2012년 가을 개봉해서 크게 흥행한〈관상〉이라는 영화가 있습니다. 저도 그 영화를 보았는데요, 여러 가지 흥미로운 점들이 많았지만 특히 제 기억에 남은 것은 송강호 배우의 마지막 독백이었습니다. "파도를 만드는 것은 바람인데, 바람을 보지 못하고 파도만 보았다"라는 말이었지요. 시대는 변하고 사회도 변하는데 개개인의 관상을 아무리 잘 본다고 하더라도 대세를 파악하지 못하면 시대를 잘 살아낼 수 없다는 의미였습니다.

시대의 흐름을 감지할 수 있는 안목, 그리고 상황에 따라서 생각의 틀과 진로를 바꿀 수 있는 유연함은 하루아침에 발현되는 것이 아닙니다. 어릴 때부터 쌓아 올린다면 어느새 우리 아이는 성큼 자라 있을 것입니다.

누가 나에게 도움을 줄 것인가

자기 앞에 맞닥뜨린 상황과 문제를 헤쳐 나갈 수 있도록 필요한 정보를 수집하고 평가하여 상황에 맞게 이용하는 능력이야말로 학습의 기본자세입니다. 한국의 아이들 대부분은 대학입시까지는 교육부가 정한 교과과정에 맞춰서, 교육부가 검정한 내용을 무조건 외우고 이해해야 하는 방식으로 공부하게 됩니다.

주어진 학습 내용을 본인이 소화해서 이해하는 게 아니라, 많은 경우 EBS나 입시학원, 보습학원, 인터넷 강좌, 과외 등을 통해서 다른 사람이 이해한 내용을 말로, 그림으로 설명해주면 그 내용을 받아들이는 방식으로 학습이 이루어집니다.

이런 두 가지 방식의 학습에 매몰된 아이들은 스스로 학습할 수 있는 능력을 갖추지 못한 채 대학에 입학하거나 사회에 나아가게 될 테지요. 대학에 들어간 아이들은 태어나서 처음으로 스스로 무엇을 학습해야 하는지 선택해야 하고, 학습할 내용을 스스로 소화해서 이해해야 하는데, 대입 때와 달리 부모님이나 학원에 의존하기 어려워 정글 한가운데에 놓이게 됩니다.

만약 대학생인 자녀가 학업성적이 현격히 떨어진다면 부모님이나 자녀 스스로 문제가 있다고 알아챌 수 있지만, 보통의 경우 적당한 성적을 받고 친구들과 어울려 학교생활을 무난하게 지낸 뒤 졸업하기 때문에 학생 본인이나 부모님들께서 문제의식을 가지지 못하는 경우가 상당히 많습니다.

'교우생활 원만하고 학점도 적당히 잘 나오는데 무엇이 문제냐'고 의구심이 들 수 있을 겁니다. 제가 안타까운 점은 자녀들이 대학 생활 중에 졸업 후 전문성을 인정받을 수 있는 일자리를 가질 수 있도록 준비를 하지 못한다는 점입니다.

구체적으로 설명을 해보겠습니다. 앞서 말씀드렸듯이 지금의 일자리 시장은 일을 시작하자마자 어느 정도의 전문 능력을 발휘할 수 있는 사람들을 채용하는 방식으로 전환되고 있습니다. 따라서 대학을 졸업하고 처음 직장을 잡는 경력 없는 젊은이들은 직장 잡기가 점점 더 어려워지겠지요. 대학생들은 본인이 어느 정도의 전문 능력을 발휘할 수 있는지 보여주기 위해서 각종 인턴십을 지원합니다만, 일단 인턴십 기회를 갖기도 너무 어렵습니다.

인턴십을 갖더라도 이공계처럼 특정한 분야에서 프로젝트에 투입되어 직접 일을 하는 경우는 전문성을 쌓을 수 있지만, 이를 제외한 일반적인 인턴십은 행정 업무보조, 번역 업무 등 단순한 업무보조에 그치는 것이 대부분입니다. 결국 인턴십을 하더라도 전문성을 쌓기 어렵다는 말이죠. 저는 개인적으로 이러한 경향이 '문송('문과라 죄송합니다'라는 뜻) 현상'을 만들어내는 원인이라고 생각합니다.

비전문직 인턴십은 보통 2~3개월에 그치는 것이 대부분이고, 정규직으로 전환되는 경우도 거의 없습니다. 입사지원서에 경력을 넣더라도 당락을 좌우할 만큼 영향을 발휘하기 어렵지요. 첫 직장을 찾는 젊은이의 입장에서는 전문성이 없으니 취업을 할 수 없는데, 전문성을 쌓기 위해서는 일할 기회가 있어야 한다는 아이러니한 상황에 놓이게 되는 것입니다.

이러한 어려움을 돌파하는 데 대학과 교수는 현실적인 도움을 줄 수 있습니다. 본인이 관심을 두고 있는 진로나 업무가 생긴다면 일단 어떤 대학 전공과 교과목을 선택할 것인지, 어느 교수가 그 진로와 업무에 직접 관련이 있는지를 미리 정보 수집을 하고, 이 정보를 기초로 대학과 전공을 선택하는 것입니다. 그렇게 하면 특정 교과목을 수강할지 말지뿐만 아니라 어느 교수님께 어떤 수업을 들을지까지도 전략적으로 선택할 수 있습니다.

안타깝게도 제가 만난 많은 한국 학생들은 이런 전략적 사고 없이 교과 수강신청을 하고 학점을 땁니다. 아무리 학점이 좋아도 본인이 원하는 전문성을 쌓는 데에는 크게 도움을 받기 어렵습니다.

더 안타까운 경우는, 나름대로 정보를 수집했지만 그 정보가 믿을 만하고 객관적인 출처에서 수집한 것이 아니라, 자신과 경륜이 비슷하거나 알고 있는 정보의 범위가 크게 다르지 않은 선배나 친구를 통해서 들은 정보에 근거하여 인생에서 중요한 결정을 내린다는 점입니다.

많은 대학교에서 취업지원센터를 운영하며 일대일 상담도 무료로 지원해주는 등 여러 방법들을 제공하고 있긴 하지만 막상 이런 서비스를 잘 이용하게 되지는 않습니다. 친구, 선배들이 주는 정보를 무시할 필요는 없지만, 해당 문제를 오랫동안 연구하고 경험해본 전문가를 찾아 정보를 얻는 것이 좋겠습니다. 학생들이 이런 전문가를 직접 알기는 어렵기 때문에 해당 분야에서 실력을 인정받는 교수님들의 수업을 수강하고, 수업시간과 상담시간에 교수님의 의견을 듣고 조언을 구하는 것이 현명한 판단을 내리는 데 더욱 유리하리라 봅니다.

문해력을 무시할 수 없는 이유

지식을 습득하는 방법에는 여러 종류가 있습니다. 정규 공교육에서 제공하는 교과서를 스스로 읽어보고 외우고 이해하는 방법(이른바 자습)과, 학교 수업이나 학원, 과외, 인터넷 강좌(이른바 인강) 등을 통해서 타인이 교과서의 내용을 나 대신 먼저 숙지한 후 2차원인 책이 아니라 3차원(실시간 혹은 동영상 강의)으로 설명해주는 것을 듣고 보는 방법이 있겠지요. 그런가 하면 공교육의 범위와 상관없이 책이나 유튜브, TV 등 외부 자료원을 이용해서 정보를 얻는 방법도 있습니다.

학습하는 방법과 관련해서는 책을 통해서 지식과 능력을 키울 수 있도록 어릴 때부터 책 읽는 습관을 길러야 합니다. 전문지식의 경우만 보더라도 책을 읽어서 얻을 수 있는 지식의 종류나 범위가, 동영상이나 강의로 얻을 수 있는 것과 비교가 되지 않게 많습니다. 따라서 책, 문서, 논문 등 문자화된 매체를 통해서 필요한 지식을 습득하는 능력이 부족하다면 이미 시작부터 경쟁 상대에 비해 뒤처지게 되고, 전문성을 쌓기도 어려워집니다.

학교에서 국어를 열심히 공부하니 괜찮다고 생각하실 부모님도 있을 것 같습니다. 하지만 최근 많은 논란을 일으킨 젊은 세대의 문해력 논란을 보면서 우리 부모님들이 다가올 현실을 생각하면서 마냥 안심하고 있을 수만은 없겠다는 생각이 들었습니다. 논란이 된 내용을 들어보니, 젊은이들이 '사흘'과 '나흘'의 뜻을 모르고, '심심한 사과'라는 표현을 이해하지 못하는 등의 사례들이었습니다.

젊은 세대의 문해력 논란은 자유로운 언어를 구사하는 젊은 세대의 특징으로 해석할 수도 있습니다만, 저는 한국의 공교육이 학생들에게 어휘력을 풍부하고 정확하게 가르치는 데 실패한 증거라고 생각합니다. 앞서 보았듯이 OECD가 발표한 학생수학능력평가(PISA)의 읽기 분야에서 우리나라 학생들 중 기본적인 수준에 미달하는 비율이 2006년 5.8퍼센트에서 2018년 15.1퍼센트로 약 2.6배나 증가하였습니다. 공교육이나 사교육에만 아이들의 장래를 맡기고 계실 때가 아니란 것을 여실히 보여주는 지표인 것이지요.

지식의 습득 이상으로 중요한 단계가 비판적으로 평가하고 내 상황에 맞게 의견을 내는 것입니다. 순수한 자연과학이 아닌 거의 모든 지식은 그 지식이 생성된 조건이나 사회적, 시대적 맥락을 이해해야 합니다. 예를 들어 어느 나라에서 성과급에 기초한 연봉제를 도입해서 생산성을 크게 높였다는 논문이 국제 저명 학술지에 발표되었다 해도, 이 결과가 모든 나라에서, 혹은 모든 종류의 기업에 정확히 적용된다는 의미는 아닙니다. 개인의 성과가 온정주의, 정실주의에 따라 평가되는 사회적 관습을 지닌 나라에서는 오히려 생산성을 낮추는 부작용을 일으킬 수도 있기 때문입니다.

따라서 외부에서 습득한 지식의 맥락이 내가 처한 환경과 어느 정도 일치하는지를 각자가 객관적으로 평가하고, 어느 상황에서 얼마만큼 내 문제를 해결하는 데 도움이 될지, 혹은 나에게 직접적으로 적용될지를 평가해야 합니다. 그 평가를 기초로 하여 나는 어떠한 전략을 수립할지, 어떻게 행동하면 좋을지 본인의 생각을 수립하고 입장을 정리해서 의사결정을 해야 합니다.

부모님들 가운데 제 조언이 너무 명확하고 단순하다고 생각하는 분도 계실 것 같습니다. 하지만 학교에서 학생들을 지도하며 이 학습의 체화단계를 제대로 소화하지 못하는 학생들을 많이 보았습니다. 저는 오랫동안 학생들이 학습을 체화하는 것을 왜 어려워하는지 그 이유를 알기 위해서 노력했는데, 지금까지 제가 파악한 이유는 다음과 같습니다.

한국에서 교육을 받는 아이들이 대학입시까지 사용하는 학습과정은 교과 내용을 배우고 주어진 문제를 푸는 식의 방법입니다. 즉 스스로 좋은 모델(글)을 찾고 그 모델에 따라 내가 실습하고 피드백을 받아 다시 개선하는 방식의 학습을 해본 경험이 거의 없다는 말이지요.

설령 대학에 온다고 하더라도 지식 체득과 평가, 환류의 과정을 제공하는 수업은 매우 드뭅니다. 대학 수업도 대부분 대형 강의로 고등학교 수업방식과 크게 차이가 나지 않고, 에세이 작성을 해야 하는 경우에도 각 학생들이 교수님으로부터 구체적인 피드백을 받기가 어렵습니다. 한 학기가 끝나고 나면 무언가 배우긴 했고 시험도 쳤으며 리포트도 냈는데, 비슷한 문제에 직면하면 그 수업을 듣지 않았던 때와 똑같은 상황에서 의사결정을 하게 된다는 것이죠.

자녀가 간단한 학습과제를 수행하고 나면 자녀에게 '그래서 이 내용을 어떻게 너의 생활에서 적용할 것인지' 물어보시고, 자녀의 대답에 빈틈이 있으면 '이런 점은 어떻게 생각하는지' 조언을 해주시면 좋겠습니다. 이런 과정을 통해서 자녀의 생각이 정리된다면 그것으로 끝내지 마시고, 자녀에게 질문에 대한 답변을 모두 포함해서 다시 한 번 설명을 해달라고 하는 것입니다. 사람의 기억력은 한정적이어서 남에게 들은 것들은 금방 잊지만, 자신의 말로 표현해본 지식은 훨씬 더 오래 기억하기 때문입니다.

표현의 어려움을 호소하는 세대

배우고 아는 것만큼 중요한 것은 아는 것을 남들에게 이해시키는 일, 즉 표현하기입니다. 표현은 말과 글뿐만 아니라 시선과 표정 등 바디랭귀지로도 가능한 일이지요. 표현이 언어라는 수단을 통하여 한국어로, 영어로 혹은 제3의 언어로 전달되는데, 그럼 언어를 통해서 이루어지는 표현을 어떻게 하면 잘 할 수 있을지 이야기해보려 합니다.

축약어가 우려되는 이유

우선 표현을 잘 하기 위해서는 표현을 하려는 목적이 명확히 정의되어야 합니다. 예를 들어 내가 알고 있는 정보나 경험, 나의 의견을 상대방에게 정확하게 전달하려는 정보 전달이 목적인지, 느

정보 전달을 목적으로 하는 표현에 있어서 가장 기본은 육하원칙에 따라서 내용이 논리적으로 잘 정리되어야 한다는 것입니다. 육하원칙이란 '누가, 언제, 어디서, 무엇을, 어떻게, 왜'라는 질문에 따라서 정보를 전달하는 것을 말합니다.

낌과 감정을 설명하고 상대방의 공감을 얻으려는 것이 목적인지, 그도 아니면 낯선 이와 대면했을 때 어색함을 줄이기 위해서 가볍게 이야기하는 것이 목적인지 등을 구별해야 합니다.

여러 목적 중에서 저는 정보 전달을 목적으로 하는 경우에 한정해서 말씀을 드리겠습니다. 그 이유는 직장 같은 공적인 관계에서는 정확한 정보 전달이 가장 중요하기 때문입니다.

정보 전달을 목적으로 하는 표현에 있어서 가장 기본은 육하원칙에 따라서 내용이 논리적으로 잘 정리되어야 한다는 것입니다. 육하원칙이란 '누가who, 언제when, 어디서where, 무엇을what, 어떻게how, 왜why'라는 질문에 따라서 정보를 전달하는 것을 말합니다.

육하원칙은 정보수집이나 문제해결을 위해서 기본적으로 질문을 던져야 하는 여섯 가지 항목을 의미하는데, 이는 신문 등 미디어, 연구보고서, 경찰 조사 등에서 자주 사용하는 방식입니다. 이를 반대로 생각해본다면, 내가 원하는 정보를 상대방이 잘 이해하도록 하기 위해서는 상대방이 필요로 하는 여섯 가지 요소에 맞춰서 설명하면 되는 것이지요.

그런데 일반적인 한국어를 구사할 때는 육하원칙을 거의 적용하지 않습니다. 예를 들어 구어체에서나 문어체 모두 한국어에서는 주어가 명시적으로 들어가지 않습니다. 심지어 주어를 명시적으로 넣으면 어색하기까지 합니다. 자녀가 학교에 갈 때 "학교에 가요"라고 말하지, "나는 학교에 가요"라며 주어를 넣어 말하지는 않습니다. 그에 더하여 한국어에서는 보통 과거, 현재, 미래를 나타내는 시제나, 단수-복수를 구분해서 사용하지 않습니다. 이런 문법적인 차이 때문에 한국 사람들이 영어를 배울 때 어려움을 많이 겪는 것이지요.

일반적으로 한국어에서는 육하원칙을 잘 사용하지 않기 때문에 부모님께서 자녀들에게 육하원칙에 맞게 자신이 알고 있는 정보나 생각을 정확히 표현할 수 있도록 가르치셔야 합니다. 물론 부모님들도 대다수가 한국어 사용자이고, 자녀들과 대화할 때 친근한 관계에서 사용하는 한국어를 사용하는 분들이 더 많겠지요. 이 때문에 본인들도 육하원칙에 따라 자녀들과 대화하지 않을 가능성이 높고, 부모님의 입장에서도 자녀들에게 무엇을 어떻게 지도해야 하는지 혼란스러울 수도 있습니다.

제가 드리는 팁은 다음의 두 가지입니다. 첫 번째는 부모님께서 상사에게 보고를 해야 하는 상황이나, 다수의 사람들이 참석한 회의에서 사용하는 한국어 표현을 두고 이를 자녀들의 말과 비교해보는 것입니다. 이런 공적인 관계에서 발언할 때는 많은 경우 보고 자료나 슬라이드 등 문서를 준비하게 되고, 문서를 작성할 때에도 육하원칙에 따라 설명하게 되지요.

부모님도 직장 등 공적인 자리에서는 육하원칙에 따라 말씀을 하고 계실 겁니다. 이럴 때는 어떻게 대화를 나누는지를 생각해 보시고, 그 방식에 맞게 자녀의 말을 다시 재구성하여 아이들에게 말씀해주세요. 그리고 자녀들에게 부모님께서 말씀하신 방식으로 다시 말해보도록 시켜보시면 됩니다.

두 번째는 자녀들과 대화할 때 지시대명사, 축약어 같은 아이들끼리 주고받는 표현을 사용하지 않고 이야기하는 방법입니다. 지시대명사란 특정한 사람, 동물, 장소, 사물 등을 가리키는 대명사로 '이분, 저분, 그분, 이거, 저거, 그거, 그때' 등이 있습니다. 지시대명사는 대화를 하는 사람들 간에 어떤 사람이나 사물, 장소를 말하는지를 이미 서로 알고 있는 상황에서 사용하는 단어들입니다.

공적인 관계, 혹은 정보의 정확한 전달이 중요한 경우에는 지시대명사를 가능한 한 사용하지 않습니다. 그 이유는 내가 말하는 '이것'과 상대방이 이해하는 '이것'이 다를 수 있고, 더 나쁜 점은 향후에 문제가 발생할 때까지는 나와 상대방이 '이것'에 대한 이해가 달랐다는 것을 알아차리지 못한다는 점입니다. 즉 지시대명사를 사용하여 정보가 부정확하게 전달되어서 좋을 일이 없으니까요.

다음으로 축약어와 또래집단에서 사용하는 표현인 은어입니다. MZ세대들의 언어 특징은 축약어의 광범위한 사용이라고 할 수 있습니다. 인터넷 강좌를 '인강'이라고 하는 것이 그 한 사례이지요. 그런 표현들은 때와 장소에 따라서 사용하는 것이 더 자연스러운 경우가 분명히 있긴 합니다.

다만 이것이 사실이나 내 의견을 정확하게 전달해야 하는 상황 즉 정확한 정보 전달이 중요한 상황에서는 적절하지 않습니다. 왜냐하면 듣는 사람들의 연령이나 생활 배경에 따라서 축약어나 젊은이들 간에 사용하는 표현을 이해하지 못할 수 있기 때문입니다. 듣는 사람이 이해하지 못하는 표현을 사용하는 것은 대화의 시작부터 정보의 정확한 전달을 방해하게 됩니다.

우선 자녀들이 처음 보는 어른들과 대화할 때 어른들도 잘 알아들을 수 있도록 말하는 방법을 훈련시켜야 합니다. 많은 경우 자녀의 말을 듣는 상대방인 어른들에게서 자녀들이 도움 받을 일이 더 많이 생기기 때문입니다.

저는 2016년 한국에 돌아왔을 때 학생들끼리 나누는 대화를 처음 듣고 거의 15퍼센트 정도를 이해하지 못했습니다. 학생들끼리 사용하는 축약어와 은어, 유행어 때문이었죠. 교수인 제 입장에서는 학생들이 나누는 말의 일부를 알아듣지 못한다고 해서 손해 볼 일은 그다지 없습니다. 왜냐하면 저와 학생들 사이의 관계에서는 거의 모든 경우 학생들이 제게 도움을 요청하기 때문입니다.

또 모든 사람에게는 시간과 에너지가 한정되어 있기 때문에, 나에게 무언가를 부탁하는 사람이 내가 이해하기 쉽게 설명하지 않는 경우에는 무의식적으로 그 요청에 관심을 덜 기울이게 됩니다. 부족하고 정확하지 못한 표현은 결국 대화를 통해서 내 자녀가 본인에게 필요한 정보나 조언 등 도움을 제대로 받지 못하게 만들 수 있다는 뜻입니다.

말하기의 요소

대화는 영어로 '커뮤니케이션communication'이라고 하지요. 커뮤니케이션을 할 때는 말하는 사람의 말보다 상대방이 제대로 알아듣는 것에 더 중점을 둬야 합니다. 따라서 내용을 정확하게 표현했다 하더라도, 상대방으로 하여금 그 내용을 제대로 알아듣고 수용할 수 있도록 도움이 되는 요소들을 추가하고, 반대로 방해가 되는 모든 요소들을 피해야 합니다. 관련해서 몇 가지 생각해야 할 점을 말씀드리겠습니다.

우선 목소리입니다. 적당한 성량과 적당한 톤으로 울림이 있게 발성하는 목소리는 듣는 사람에게 신뢰감, 안정감, 편안함을 전달합니다. 반면 작은 목소리, 떨리는 목소리, 높은 톤의 목소리, 눌린 목소리 등은 듣는 사람으로 하여금 상대방이 자신감 부족에 성숙하지 못하며 어딘가 불안정하다는 인상마저 갖게 합니다. 자리에 부적절한 큰 목소리는 호전적으로 들리지요.

평서문을 말하는 경우에도 질문을 하듯이 문장의 끝을 올려서 말하는 경우(영어에서는 '업톡uptalk'이라고 합니다)도 자주 목격되는 패턴입니다. 귀여움과 애교로 어필하려는 연예인들이나 10대 소녀들이 말할 때 종종 보이는 모습이지요. 이 때문에 문장의 끝을 올려서 말하는 말투는 듣는 이로 하여금 말하는 사람이 나와 로맨틱한 관계를 맺고 싶어 한다거나 어린 느낌, 미성숙하거나 신뢰할 수 없다는 느낌을 주지요. 공적인 관계에서는 도움이 되지 않는 오해를 일으킬 수도 있습니다.

말하는 습관은 하루아침에 바꾸기 어렵습니다. 자녀들이 성장해가면서 어른스럽고 신뢰감을 주는 목소리로 말할 수 있도록 부모님들께서 지도해주시면 좋겠습니다.

말하는 방식만큼, 말할 때 보이는 태도도 중요합니다. 말하는 동안 시선이 상대방을 향하게 하고, 만약 여러 명 앞에서 말을 해야 하는 상황이라면 청중들에게 골고루 천천히 돌아가면서 시선을 주어야 합니다. 반대로, 말을 하면서 바닥을 향해 눈을 내리깔거나 천장을 바라보는 경우가 있습니다. 보통 무언가를 골똘하게 생각하거나 어려운 문제를 생각할 때 종종 보이는 습관입니다. 이런 습관은 청중으로 하여금 말하는 사람이 자신감이 없다, 무언가를 감추려고 한다, 거짓말을 한다, 말하는 내용을 잘 알지 못한다 등 부정적인 인상을 주게 되지요.

또 말을 하면서 자세가 바르지 않다거나 구부정한 자세를 취하는 경우가 있는데 이 역시 청중들에게 자신감이 없다, 건강하지 않다는 부정적인 인상을 무의식적으로 심어주게 됩니다.

지적되는 행동은 더 있습니다. 말을 하면서 머리카락을 쓸어 넘기거나, 손을 만지작거리거나, 턱을 괴는 경우도 있습니다. 연구에 따르면 이런 행동들은 상대방에 비해 말하는 사람의 사회적 지위를 낮추는 행동이라고 합니다.[38] 결국 말을 하면서 '나는 어리다, 미숙하다, 능력이 없다, 자신감이 없다'라는 신호를 무의식 중에 태도로 보낸다는 의미이지요.

자녀들과의 대화 시 행동을 잘 살펴보시고, 내 아이에게서 든는 사람의 신뢰감을 떨어뜨릴 만한 습관이 있는지 부모님들께서 점검해보시면 좋겠습니다.

글쓰기에서 엿보이는 신뢰

표현은 말뿐만 아니라 글로도 이루어집니다. 글이란 보고서나 논문, 기사 등과 같은 공식적인 성격의 것들도 있지만, 핸드폰으로 보내는 문자, 카카오톡이나 블로그, 페이스북, 인스타그램 등 SNS에 올리는 짧은 글과 이메일 등도 포함됩니다. 글을 쓰는 매체나 글을 읽는 상대방의 성격에 따라 차이는 있지만, 정보를 전달하고 설득하려는 목적을 가진 글쓰기에 조금이나마 도움이 될 조언을 적어볼까 합니다.

우선 상대방에 대한 적절한 예의가 글에서 드러나야 합니다. 자녀가 선생님 등 어른들에게 글을 써야 하는 경우에 친구들에게 보내는 문자와 비슷한 어투를 사용한다면 적절하지 않겠지요. 제가 학교에서 만나는 대학생과 대학원생 중에는 존댓말을 적절히 구사하지 못하는 경우도 종종 있었습니다.

이런 학생들을 수업에서 만나면 이해하고 지나가긴 하지만 그런 학생을 조교로 채용하진 않습니다. 존댓말을 쓰지 않았다는 것 자체가 문제라기보다는, 간단한 사회적 맥락을 파악할 수 있는 상황에서조차 적절한 처신을 하지 못한다면 더 복잡하고 미묘한 업무상 맥락에서 충분히 문제를 일으킬 수 있다고 예상되기 때문입니다.

두 번째, 글을 쓸 때는 오탈자가 생기지 않도록 늘 유의해야 합니다. 글이 공적 성격을 띨수록, 즉 문자보다는 이메일에서, 이메일보다는 보고서를 쓸 때 더 더욱 오탈자가 없도록 주의를 기울여야 합니다. 글에서 오탈자가 나오거나 문서에서 일관된 형식을 보이지 않으면, 읽는 사람은 문서에 대한 신뢰도를 잃게 됩니다.

표현하는 태도는 상당 부분 습관에 의해서 결정되고 하루아침에 바뀌지 않기 때문에 자녀들이 가능한 한 어렸을 때부터 좋은 습관을 들일 수 있도록 관심을 기울여야 합니다.

특히 오탈자 등 문서 형식에서 완성도가 떨어진 경우에는 그 글이 특별히 중요한 성격을 지녔다면 글쓴이가 중요성에 합당한 전문적 노력을 기울이지 않았다는 것을 의미합니다. 그러니 아무리 내용이 좋았다 하더라도 좋은 평가를 받기는 어려울 겁니다. 공적인 글이 아니더라도 완성도가 떨어지는 글은 읽는 사람으로 하여금 글쓴이의 성숙성, 전문성, 능력을 의심하게 만듭니다.

말과 글은 그 사람의 내면을 보여주는 거울입니다. 말과 더불어 정확하고 바른 글을 쓰는 습관은 어릴 때부터 부모님들께서 신경을 써서 길러주셔야 합니다. 자녀들이 옳은 방식으로 말하고 글 쓰는 습관을 체득할 수 있도록 잘 관찰하시고, 부족한 부분이 있으면 질문을 통해서 혹은 직접 모범을 보이면서 자녀들이 개선할 수 있도록 도와주십시오.

짐작하시다시피 표현하는 태도는 상당 부분 습관에 의해서 결정되고 하루아침에 바뀌지 않기 때문에 자녀들이 가능한 한 어렸을 때부터 좋은 습관을 들일 수 있도록 관심을 기울여야 합니다.

자녀의 인간관계를 위하여

인간관계는 쉽지 않습니다. 그렇지만 인간이란 사회적 존재이기 때문에 살아가기 위해서는 인간관계를 벗어날 수도 없지요. 또한 인간관계에서만 누릴 수 있는 기쁨도 있습니다. 저 역시 가족들, 친구들, 동료들 그리고 주위 사람들과의 관계는 복잡하고 미묘하고 쉽지 않게 느껴집니다.

심리, 정서, 인간관계는 제 전문분야가 아니라서 어떻게 이를 잘 형성하고 유지하는지에 대해서 종합적으로는 말씀드리기 어렵습니다. 그렇지만 자녀들이 성공적인 사회인이나 전문가로 성장할 수 있는 측면에 한정해서 부모님들께 인간관계에 대하여 말씀을 드리고 싶습니다.

상호호혜의 중요성

공적인 관계에서 요구되는 인간관계는 사적인 관계에서의 인간관계와 사뭇 다른 점이 있습니다. 상황에 맞는 적절한 예의와 적당한 거리감이 필요하지요. 예를 들어 처음 고객을 만나는 자리라든지 어려운 상사를 만나는 자리인데, 그곳에서 격의 없는 친구 사이에서나 할 수 있는 농담을 던지는 것은 당연히 적절하지 않겠지요. 상대방을 불편하게 만들 것이며, 상대방이 아마도 내능력이나 인간성에 의구심을 품을 것입니다.

자녀들이 공적인 상황에 노출된 후 어떻게 행동하면 긍정적인 반응을 들을 수 있을지를 부모님들께서 신경 써주시길 바랍니다.

자녀들은 친구들과의 관계에 절대적으로 많은 시간과 에너지를 사용합니다. 모든 사람들의 시간은 하루 24시간으로 한정되어 있고 에너지도 한정되어 있지요. 그런데 친구들과의 관계와 같은 사적 관계에 시간과 에너지를 대부분 사용한다는 의미는 곧 공적인 관계에서 생활해본 경험이 적다는 의미이기도 합니다.

과거 한국에서는 대가족으로 생활하거나 동네 혹은 마을 단위의 활동이 많았기 때문에 아이들이 부모가 아닌 다른 어른들과도 자주 관계를 맺을 수 있었습니다. 이 과정에서 아이들은 예의를 지켜야 하는 관계, 적당하게 거리를 두어야 하는 관계에 자연스럽게 노출되며 스스로 관계에 대해 깨달아갔을 겁니다.

물론 지금도 부모가 아닌 어른들과 접촉은 있지만, 이 어른들은 학교나 학원의 선생님 등 자녀 및 부모님과 이해관계가 엮인

공적인 상호관계에서 중요한 것은 나에게 도움을 줄 능력과 경험이 있는 사람들이 내게 호의를 베풀어줄 마음이 들도록 해야 한다는 말이지요.

분들이 대부분입니다. 이러한 관계에서는 혹시라도 자녀들이 적절하지 않은 행동을 하더라도 교사이기 때문에 참는 경우가 많을 것이고, 이런 이유로 자녀들이 자신의 행동에 문제가 있다는 것 자체를 인식하지 못하는 경우가 발생할 수 있습니다.

공적인 관계에서 어떻게 행동하는 것이 적절한지 훈련을 잘 받지 못한 자녀들은 대학생, 사회인이 되었을 때 성인으로서 요구되는 행동이 무엇인지 파악하고 자연스럽게 이에 따라 행동하는 데 어려움을 겪게 됩니다. 이는 내 자녀가 사회인으로서 성공적으로 인생을 살 수 있는 확률에 결정적으로 악영향을 미칠 수 있습니다.

초중고등학교 때와는 달리 대학교 이후부터 자녀들은 수강 신청부터 인턴 지원 등 수많은 선택을 해야 하지만, 어떠한 선택지가 있는지, 그 선택지가 어떤 특성이 있고 나에게 얼마만큼의 기회를 열어줄 수 있는지 등의 정보는 쉽게 구하기 어렵습니다. 공개적으로 존재하지 않는 경우도 많고요.

이런 정보들은 자신보다 더 많은 정보와 경험을 가진 사람들, 이른바 멘토나 선배, 상사, 교수 등에게서 얻는 것이 중요합니다. 하지만 이런 전문가가 공개적으로 알려지지 않은 고급 정보를 잘 알지도 못할뿐더러 신뢰하기도 어려운 사람에게 선뜻 알려줄 이유가 없겠지요. 즉 공적인 상호관계에서 중요한 것은 나에게 도움을 줄 능력과 경험이 있는 사람들이 내게 호의를 베풀어줄 마음이 들도록 해야 한다는 말이지요.

그런데 자녀가 이런 사람들과 대면하는 공적인 자리에서 적당하지 않은 태도를 보인다면, 원천적으로 이들로부터 도움을 기대하기란 어려울 수밖에 없습니다.

그러면 어떠한 행동이 공적인 관계에서 적절한 행동일까요? 때에 따라, 참여자에 따라, 모임의 성격에 따라 차이가 있어서 어떠한 행동이 적절하다고 한 가지로 정의하기는 어렵습니다. 이 때문에 적절한 행동을 가르치고 배우기도 어려운 것이고요. 다만제가 현실적으로 좋은 조언이라고 생각하는 점은 '상황을 잘 관찰하고 그 관계 안에서 사람들이 하는 행동을 따라서 행동하는 것'입니다. 이를 '미러링mirroring'이라고 합니다.

1910년대 영국의 백작 가문을 둘러싼 내용을 다루는 시대극 〈다운튼 애비〉라는 영국 드라마가 있습니다. 이 드라마를 보면 백작을 포함한 귀족들, 백작 저택에서 머물면서 근무하는 집사, 요리사 등다양한 배경의 사람들이 등장합니다. 그런데 각 등장인물이 보이는 태도와 말투 등은 이른바 신분에 따라 극명하게 다릅니다.

백작 등 귀족들 모임에 초대된 평민이 귀족들 사이의 대화방식이나 말투 등과 맞지 않는 행동을 하는 경우에는 자기들끼리 깜짝 놀란 듯한 표정을 주고받는 장면들이 나옵니다. 이른바 격식에 맞지 않는다는 것이지요. 중요한 점은 보통 이런 경우에 아무도 그 평민에게 무엇이 이상한지, 무엇 때문에 격식에 맞지 않는지 직접 말로 해주지 않는다는 것입니다.

만약 그 평민이 귀족들과의 관계를 발전시키고 동료로서 인정받기를 원한다면 이러한 미묘한 반응들을 인지하고, 다른 귀족들이 하는 행동에 맞추어서 행동방식을 변화시키는 것이 아무래도 유리하겠지요.

물론 오늘날 한국에는 과거 영국과 같이 극명한 신분구조가 존재하지 않습니다만, 상황에 따라 적절한 행동이 있다는 점은 분명합니다. 공적인 관계들이 모이는 낯선 자리에 참여하게 된다면 그 모임의 사람들이 어떻게 정보를 주고받고 관계를 맺는지 유심히 관찰하고 내 행동을 적절히 그에 맞춘다면, 본의 아니게 무례를 범하는 확률도 줄어들고 호의적인 반응을 얻을 가능성도 높아질 것입니다.

'상호호혜'라는 단어가 있습니다. 관계를 맺은 두 사람, 혹은 두 국가가 서로에게 특별한 혜택을 주고받는 것을 의미합니다. 한쪽이 다른 쪽에게 일방적으로 도움을 주거나 도움을 받는 것이 아니라 서로에게 도움이 되는 관계를 말하는 것이지요. 어떠한 인간관계가 장기적으로 만족스럽게 유지되려면 서로에게 유익한 관계여야 가능합니다.

내 자녀가 성공적인 사회생활, 인간관계를 유지하려면 상대방에게 무엇인가 호의를 돌려줄 의지와 능력을 갖추는 게 중요합니다.

제가 상호호혜를 말씀드리는 이유는 어떠한 관계이든지 내 자녀가 성공적인 사회생활, 인간관계를 유지하려면 상대방에게 무엇인가 호의를 돌려줄 의지와 능력을 갖추는 게 중요하다는 점을 말씀드리기 위해서입니다.

앞서 살펴본 것과 같이 전문가에게 호의를 입어서 자녀가 도움을 얻을 수 있는 관계는 상호호혜의 관계가 아닙니다. 자녀가 전문가에게 일방적으로 도움을 받은 것이지, 전문가를 도운 건 아니니까요. 일방적인 관계는 오랫동안 지속하기 어렵습니다. 돕는 쪽에서는 자신의 시간과 노력을 기울여야 할 합리적인 이유가 없기 때문이지요.

여유가 있을 때 선의로 젊은이를 도울 수는 있지만, 자신의 시간과 에너지가 부족한 상황에서 도울 이유는 없습니다. 자녀가 도움을 받고 상대방에게 감사인사를 했다는 것은 선의에 대한 감사를 표현하는 당연한 행동일 뿐이며 상대방에게 혜택을 베푸는 것은 아닙니다.

반면, 만약 자녀가 전문가에게 도움을 받음과 동시에 전문가가 필요한 일을 도와주거나, 전문가가 필요로 하는 정보를 제공한다면 상호호혜의 관계로 발전할 수 있습니다.

친구나 동료와의 관계도 마찬가지입니다. 요즘 대학교에서도 마찬가지지만 제가 학교를 다닐 때에도 조별과제(팀플)를 해야 하는 경우가 있었습니다. 저도 그렇지만 학생들은 대부분 조별과제를 싫어하는데요, 그 이유는 팀 활동에 아무런 기여를 하지 않고 이름만 올리면서 학점을 받는 사람들이 있기 때문입니다. 이른바 무임승차를 하는 것이지요.

무임승차는 다른 팀원의 노력의 결과를 훔치는 정직하지 않은 행동일 뿐만 아니라, 무임승차를 하는 사람은 다른 팀원들로부터 원망을 사게 되어 원활한 인간관계도 맺을 수 없습니다. 반대로, 다른 사람들이 마땅히 해야 할 일을 지속적으로 자기 혼자 대신 떠맡는 행동도 적절한 모습은 아닙니다.

그러므로 자녀들이 상대방과 도움을 잘 주고받는지 주의 깊게 관심을 가져보시길 바랍니다. 만약 자녀가 상대방에게 적절한 도움을 제공하지 않는다면 그 상대방의 마음이 어떨지 이야기를 나누고, 적절한 조치를 같이 생각해보고 실천하도록 도와주면 좋겠습니다.

반대로, 자녀가 일방적으로 도움을 주는 관계에 매몰되어 있다면 왜 그런 상대방과의 관계를 유지하려고 하는지 알아보시길 바랍니다. 혹시 자아존중감이 부족한 것은 아닌지 대화를 통해서 파악하고, 그에 합당한 대책을 모색하면 좋겠습니다.

네트워크는 최대한 다양하게

미국 스탠퍼드대학교 사회학과 석좌교수인 마크 그라노베타Mark Granovetter가 1973년에 제시한 '느슨한 연결weak ties'이라는 개념이 있습니다. 나와 아주 가까운 관계, 인종, 종교 등 여러 측면에서 동일한 사람들을 '강한 연결strong ties'이라고 한다면, 느슨한 연결이란 나와 안면은 있지만 생활이나 가치관, 배경까지는 많이 공유하지 않는 사람들입니다.

미국에서는 일자리를 얻을 때 지인을 통해 얻는 경우가 대부분

인데, 이때 도움을 주었던 지인은 친한 사람들이 아니라 어쩌다 한 번씩 보게 되는 지인들이라는 사실을 그라노베타 교수는 발견하게 된 거지요. 이를 '느슨한 연결'이라는 개념으로 지정하여 그 중요성을 보고하였습니다.

일자리와 같이 중요한 고급정보들은 신문 공고나 온라인 게시판과 같이 공식적인 방법보다는 해당 기업에서 이미 일을 하고 있는 사람들을 통해서 많이 전달됩니다. 즉 회사가 직원들에게 해당 포지션에 관심을 가질 만한 지인이나 후배를 추천해달라고 부탁하는 것이지요. 그라노베타 교수의 연구 결과는 이러한 현실을 잘 반영하고 있습니다.

어떠한 사람들이 구직을 잘 하는지는 경제학계에서 중요한 문제이고, 오랜 기간 연구의 대상이었습니다. 경제학 입장에서는 그라노베타 교수의 연구 결과를 두 가지로 해석할 수 있습니다. 첫 번째는 다양성diversity의 중요성입니다.

인간이 보이는 공통적인 특징은 나와 비슷한 사람들을 편안하게 생각하는, 이른바 나와 비슷한 사람을 좋아하는 동질성에 대한 선호(호모필리homophily)입니다. 따라서 나와 강한 연결 관계에 있는 사람은 나와 느슨한 관계에 있는 사람들에 비해서 여러 측면에서 나와 더 비슷한 특성을 지닌 사람일 가능성이 높다는 의미이지요.

이는 '뜻이 잘 통한다'는 장점이 있겠지만, 동시에 상대방이 내가 가진 약점을 공유할 가능성도 높다는 단점을 내포합니다. 내가 아는 것을 상대방도 알고, 내가 모르는 것은 상대방도 모른다

이를 자녀 교육에 응용해볼까요. 아이가 친구들을 사귈 때나, 운동이나 취미활동을 고를 때에도 자신과 다른 배경에서 성장한 다양한 사람들을 만나고 우호적인 관계로 지낼 수 있도록 독려해주시길 바랍니다.

는 것이지요. 결국 내가 알지 못하는 구직의 기회는 강한 연결 관계에 있는 내 친구도 모를 가능성이 큽니다. 결국 나와 너무 비슷한 사람들로부터 받을 수 있는 도움은 제한적일 수 있다는 의미입니다.

반면 나와 다른 성장배경이나 특징을 가진 사람들은 내가 아는 것을 모를 가능성이 높지만, 동시에 내가 모르는 것을 알 가능성도 높습니다. 결국 내가 알고 있는 네트워크에 다양한 종류의 사람들이 포함되어 있다면 상대적으로 다양한 정보와 가능성, 의견을 접할 수 있다는 것입니다.

이를 자녀 교육에 응용해볼까요. 아이가 친구들을 사귈 때나, 운동이나 취미활동을 고를 때에도 자신과 다른 배경에서 성장한 다양한 사람들을 만나고 우호적인 관계로 지낼 수 있도록 독려해주시길 바랍니다. 다른 성장 배경, 다른 문화를 지닌 여러 사람들과 친밀하게 지낸다면 아이의 시야와 세계관이 넓어지기도 하거니와, 서로 상호 보완의 관계로 나아가기도 쉽습니다.

다양한 배경의 친구들, 동료들과의 협업능력은 제가 미국 생활을 통해 배운 중요한 교훈입니다. 미국에서 경제학과 조교수로 임용되려면 매년 11월까지 지원서를 제출하고, 1차 서류심사에 합격하면 다음 해 1월 개최되는 전미경제학회의 연례회의 중에 해당 학교와 인터뷰를 진행합니다. 이 인터뷰에서 합격하면 1월 말에서 2월 중순까지 해당 학교에 직접 방문을 해 연구논문을 발표하고, 해당 과 교수님들과 일대일 면담, 점심과 저녁 미팅을 진행합니다.

이 과정에서 우수한 성과를 보인 분이 조교수로 초청을 받습니다. 만약 여러 대학에서 조교수 초청을 받으면, 해당 학교들과 연봉 등을 협상해서 더 우월한 조건의 학교를 선택하고 8월부터 근무를 시작합니다. 이런 과정을 성공적으로 마치고 조교수로 임용이 되려면 짧은 시간 내에 내 연구가 얼마나 중요하고, 얼마나 훌륭하게 수행이 되었는지, 내가 해당 학과의 교수님들이나 학생들에게 어떠한 기여를 할 수 있는지, 또 인간적으로도 같이 생활하면 유쾌할 수 있는 사람이라는 것을 적극적으로 설득력 있게 표현해야 합니다.

미국에서 태어나고 교육받은 사람들에게도 결코 쉬운 일이 아니지요. 교수님들에 따라 스타일이 다르기는 하지만, 절대다수의 교수님들은 이런 취업 과정을 하나하나 가르쳐주지 않습니다. 제 지도교수님들도 예외는 아니었습니다. 저는 이런 과정을 제 동료들이었던 친구들과 함께 서로 모니터링해주고, 피드백을 받은 뒤 수정하면서 연습하는 과정을 통해 준비했습니다.

특히 저와 아주 다른 환경에서 성장한 친구들에게 많은 도움을 받았는데요, 같은 학년 친구들이었던 멕시코 친구와 독일 친구가 기억에 남습니다. 독일 친구는 제가 연구논문을 설명할 때 단어와 문장 하나하나마다 조목조목 질문을 던졌고, 멕시코 친구는 '그래서 뭐가 중요한데?'라는 세일즈포인트와 설명을 얼마나 논리적으로 잘 했는지를 지적해주었지요. 이 친구들의 질문, 피드백을 기초로 제 설명방법을 다시 수정하고, 발표자료를 몇 번에 걸쳐 보완하였습니다.

이렇게 개선된 버전으로 발표하면 청중들 대다수가 제 논리에 동의를 하기 때문에 설득하는 데 어려움이 없었지요. 저도 두 친구들이 발표 준비를 하거나 인터뷰 준비를 할 때 같은 방식으로 피드백을 주었습니다. 두 사람은 지금까지도 저와 막역한 사이로 지내고 있습니다.

두 번째는 '동료 효과peer effect'입니다. 동료 효과란 내가 어떤 사람들과 함께 생활하는지, 어떤 사람들과 교류하는지에 따라 나의 성과와 성공과 실패에 영향을 줄 수 있음을 말합니다. 우리나라 속담에 '친구 따라 강남 간다'라는 말이 있는데요, 주위 사람들이 어떠한 행동을 하면 나도 모르게 영향을 받아서 같은 행동을 하게 된다는 뜻이지요. 이는 동료 효과의 한 종류입니다.

일반적으로 주위에 학업을 열심히 하는 친구들이 많은 학교에 들어간다면 내 아이도 그 영향을 받아서 공부를 열심히 하려는 모습을 보입니다. 그래서 아들 교육을 위해서 맹자의 어머니가 세 번이나 이사를 갔고, 한국 부모님들께서 면학 분위기를 위해서 학군이 좋은 곳으로 이사를 가려는 것 아니겠습니까.

실제로 경제학자들이 데이터를 통해서 분석한 결과 이러한 긍정적인 동료 효과가 여러 국가들에서 입증되었습니다. 특히 능력이 좋은 학생일수록 주위에 학업성취도가 높은 친구들이 많을 때 괄목할 만한 학업성적 상승을 보인다고 보고되고 있습니다.[39]

능력이 좋은 학생일수록 주위에 학업성취도가 높은 친구들이 많을 때 괄목할 만한 학업성적 상승을 보인다고 보고되고 있습니다.

학업성취도뿐만 아니라 대학진학률, 대학졸업률, 취업 성공 확률, 임금 등에 있어서도 동료 효과가 보고되고 있지요. 예를 들어 실직 후 재취업의 경우, 만약 성별, 나이, 경력, 학력 등 모든 조건이 동일한 두 사람이 실직했을 때 이들이 재취업할 확률은 이들이 알고 있는 사람들 중에 취업자가 얼마나 많은지, 즉 주변의 취업자 비중에 영향을 받는다고 합니다.[40] 다시 말해 내 주위에 취업자가 많으면 이들로부터 취업 정보를 들을 수 있고, 나를 추천해줄 수도 있으니 유리하다는 뜻입니다.

이를 자녀 교육에 적용한다면, 내 아이가 긍정적인 영향을 받을 수 있는 사람들을 친구로, 선후배로, 동료로 만날 수 있는 환경을 초중고 시기뿐만 아니라 대학에 진학한 이후에도 가능한 한 많이 만들어주는 것이 좋다는 결론이겠지요.

스트레스가 일상이 된 아이들

사람들 모두 그 중요성을 잘 알지만 생활에서 잘 관리하기 어려운 것이 건강입니다. 건강을 잃으면 공부는커녕 생명도 위협을 받게 되므로 건강을 유지하는 능력이야말로 가장 중요한 능력이라는 데에 부모님들 모두 동의하실 겁니다.

하지만 시험공부가 많이 부족하여 한두 시간 덜 자고 공부를 해야 하는 상황이거나, 학원 수업을 듣느라 제대로 식사를 할 시간이 나지 않아 패스트푸드를 먹어야 한다면 부모님들은 어떻게 하시겠습니까? 많은 경우, 자녀들이 잠을 줄여서라도 시험공부를 하고, 유명한 학원 강의를 듣기 위해서 균형 잡힌 식사를 포기하는 것을 어느 정도 묵인하지 않을까 싶은데요.

최근 TV 매체에서 대치동 학원가를 전전하는 아이들이 수면 부족에 시달리고 패스트푸드와 편의점 간편식을 먹으면서 허기를 달래는 모습을 방영하여 많은 사람들의 마음을 아프게 하였습니다. 비단 아이들 건강뿐만 아니라 이 글을 읽는 부모님들조차도 바쁜 회사생활과 자녀들 챙기기로 본인의 건강을 제대로 관리하지 못하는 분들도 많을 거라 생각됩니다.

성장호르몬이 왕성하게 분비되는 청소년기나 20대 초중반까지는 의식적으로 건강관리를 하지 않더라도 일반적으로 건강과 관련해서 크게 어려움을 겪지 않습니다. 그렇지만 성장이 모두 끝나는 시기부터는 운동, 식단, 수면, 흡연 등에 따라서 일차적으로는 체력, 궁극적으로는 건강 상태에 큰 차이를 보이게 되지요. 문제는 자녀들이 건강에 위협이 되는 운동습관, 식습관, 수면습관을 가지게 되고, 이런 습관이 성인이 된 이후에도 계속된다면 당뇨, 고혈압, 비만, 심근경색 등 각종 질병으로 고생할 가능성이 높아진다는 점입니다.

건강관리의 중요성이나 방법에 관해서는 부모님들께서 이미 많이 아실 것이기 때문에 자녀들 교육과 관련하여 간단히 건강에 대한 생각을 말씀드리고자 합니다. 어릴 때 몸에 밴 습관을 바꾸기는 어렵습니다. 반대로 말하자면 어릴 때 좋은 습관을 길러주신다면, 어른이 되어서도 크게 힘들이지 않고도 좋은 습관을 유지하기 쉽습니다. 이런 측면에서 우선 아이들에게 운동을 즐겁게 느끼도록, 운동이 당연히 해야 하는 활동이라는 인식을 심어주면 좋겠습니다.

나행히 요즘 한국에는 제가 자랄 때와는 다르게 헬스, 필라테스, 수영 등 운동을 할 수 있는 여건이 잘 마련되어 있더군요. 동네마다 학교 운동장에서 달리기도 할 수 있고, 주민센터에서는 저렴한 가격에 각종 운동 프로그램을 제공하기도 합니다. 하지만 무엇보다도 부모님이 자녀와 함께 자전거 타기, 달리기, 등산하기 등 몸을 쓰는 활동을 같이 해주시는 것이 가장 좋은 방법 아닐까요. 근력과 심폐 능력을 기를 수 있도록 유산소, 무산소 운동을 적절히 병행해주시면 더욱 좋겠고요.

제가 박사 과정을 공부하고 있을 때 가장 인상적으로 기억나는 장면 중 하나가 있습니다. 경제학 박사 1년차는 들어야 할 수업도 많고, 1년차가 끝나면 박사 과정에 남을지, 아니면 박사학위 과정에서 탈락할지가 결정되는 박사자격시험을 치러야 했기 때문에 공부에 대한 압박이 정말 심했습니다. 저만 그렇게 느낀 것이 아니라 같은 학년에 있는 친구들 대부분이 마찬가지였고요.

그렇지만 이탈리아에서 온 제 친구는 도서관에서 공부를 하다가도 어느새 축구동호회에 가서 축구를 해야 한다면서 도서관 밖으로 나가는 것이었습니다. 그 친구는 여성이었는데, 당시만 해도 여자가 축구를 하는 것을 한국에서 본 적이 없었던 저는 의아하기만 했지요. 무엇보다 공부할 시간에 축구를 해야겠다고 생각한다는 게 그저 놀라웠습니다.

그 친구도 저도 1년차 박사학위 자격시험에 합격을 했는데, 결과적으로 보면 공부와 체력관리, 혹은 공부와 별개의 운동을 하면서 얻는 정신적인 휴식의 측면으로 보자면, 나보다 이탈리아에서 온 그 친구가 훨씬 더 시간을 잘 사용했던 것 같습니다.

학년이 올라가면서 세계 각국에서 온 다양한 친구들과 친해지며 알게 된 사실이 있습니다. 그들은 공부와 별개로 축구동호회 활동을 하거나, 매일 학교 피트니스센터에서 근력운동을 하기도 하고, 학교 테니스 코트에서 테니스를 치는 등 육체 활동에 꽤 많은 시간을 들이고 있었습니다. 저도 친구들의 영향을 받아서 기숙사에서 제공하는 킥복싱 강좌를 듣거나, 친구들과 같이 학교 캠퍼스를 달리기도 했습니다.

그런데 저는 운동을 하는 것이 당연하다거나, 운동을 하면 너무 즐겁다는 기분이 아니라, 건강을 위해서 해야 한다는 압박감이 늘 마음에 자리했었습니다. 그래서인지 운동을 막상 시작하는 데까지 의지를 끌어올리는 것에 너무 많은 시간을 써야 하더군요. 지금도 저는 조금 힘이 들거나 일정이 바빠지면 운동하는 시간부터 먼저 줄이는 부끄러운 버릇이 있습니다.

그럴 때마다 아쉽게 느끼는 것은 '운동=즐거움'이라는 등식이 잠재의식 속에 자리 잡을 수 있도록 어렸을 때 긍정적인 강화가 있었으면 어땠을까, 하는 점입니다. 만약 그랬다면 당연히 시간을 억지로 내서라도 나를 기쁘게 하는 운동을 했을 것 같아요. 학업이나 업무로 인한 스트레스도 운동으로 푸는 긍정적인 모습을 갖추지 않았을까요?

식단도 중요합니다. 인간의 몸이 제대로 작동하기 위해서는 탄수화물, 단백질, 지방과 더불어 미량의 각종 미네랄과 비타민, 식이섬유, 물을 제대로 잘 섭취해야 합니다. 그런데 식품산업이 발달함에 따라서 우리 몸에 필요한 영양소가 아니라, 우리로 하여금 특정 음식을 자꾸 먹고 싶게끔 음식들이 개발되고 있습니다.

간편식이나 패스트푸드는 이런 과학적인 노력의 결정체이고요. 이러한 음식들은 방부제, 색소 등 각종 화합물이 들어 있을 뿐만 아니라 과도한 당분과 염분을 포함하는 경향이 있습니다.

이런 음식들은 입에서는 천상의 맛처럼 맛있게 느껴지지만, 우리 몸이 필요로 하는 다양한 영양소를 제공하지 못합니다. 최소한 자녀들이 부모님과 같이 식사할 때는 저염식으로, 야채나 과일이 풍부한 식사를 할 수 있도록 식단을 구성하는 것이 바람직하겠지요.

성공의 경험이 필요하다

오늘날 한국의 교육제도나 경제 상황에서 아이들이 희망을 가지고 무탈하게 성장하기는 쉬운 일이 아닙니다. 오히려 하루하루 경쟁과 성과의 압박에서 자신감을 잃고 좌절하기 쉽지요. 학업과 관련해서 일찍부터 좌절을 맛본 아이들이 있는가 하면, 대학입시까지 무탈하게 왔지만 대학에 다니면서 혹은 사회생활을 하면서 어려움을 겪을 수도 있습니다.

인간의 삶이 고행이라고 하신 부처님의 말씀처럼 결국 인간으로 이 생을 살면서 어려움을 피해가기는 어렵겠지요. 그렇다면 아이들이 언젠가 심각한 어려움에 직면할 때에 이를 극복할 수 있는 능력을 길러주시는 것이 중요하지요.

저도 미국에서의 유학 생활과 교수 생활, 그리고 지금까지도 때때로 넘을 수 없을 것 같은 산을 만나기도 하고 넘어져서 일어

저를 다독이고 한 걸음씩 나아가게 하는 원동력이 무엇인지 고민해보았는데요. 저의 판단을 믿어주시고, 설령 원하는 것을 달성하지 못했어도 시도해본 것 자체로 훌륭하다고 칭찬해주시던 부모님의 응원이 큰 영향을 미친 것 같습니다.

날 힘조차 없는 상황을 종종 겪고 있습니다. 그럼에도 마음을 다잡고 다시 한번 내가 이런 어려움에서 어떻게 빠져나올 수 있는가, 이 어려움을 통해서 배워야 하는 것은 무엇인가를 생각하고 실천에 옮기면서 조금씩 성장해온 것 같습니다.

저를 다독이고 한 걸음씩 나아가게 하는 원동력이 무엇인지 고민해보았는데요. 저의 판단을 믿어주시고, 설령 원하는 것을 달성하지 못했어도 시도해본 것 자체로 훌륭하다고 칭찬해주시던 부모님의 응원이 큰 영향을 미친 것 같습니다. 더불어 그동안 제가 어려움을 극복해왔던 하나하나의 경험들이 이번 어려움도 다시 잘 넘길 수 있을 것이라는 희망을 주었던 것 같습니다.

무엇보다도 비슷한 어려움을 같이 겪고 있는 친구들과의 끈끈한 유대와 앞서간 선배들의 응원이 제가 용기를 잃지 않은 중요한 힘이었지요.

자존감과 자신감

자녀들이 성장하기 위해서는 학습이 필요하고, 학습을 잘 하기 위해서는 자기 실력을 평가받고 부족한 점을 고치고 보완하는 과정이 필수입니다. 그런데 평가와 개선의 과정이 원활하게 이루어지려면 반드시 자존감과 자신감이 높아야 합니다.

'나는 괜찮은 사람이야!' '나는 이 세상에서 살 가치가 있고, 사랑받을 자격이 있는 사람이야'라는 의식을 자존감이라고 합니다. 자신감은 '나는 (적당한 노력을 한다면) 할 수 있어' '지금까지 어려움을 극복했듯이 이번 어려움도 힘들지만 넘을 수 있어'라는 의식으로 표현할 수 있습니다. 만약 여러분의 자녀가 자신의 가치가 시험 점수 혹은 타인의 평가에 달려 있다고 생각한다면, 앞서 말한 학습과정에서 개선할 여지가 있다는 평가를 받는 것 자체를 두려워하게 됩니다.

왜냐하면 내가 처음 해보는 일이고, 내가 봐도 숙련자들에 비해서 못할 게 빤히 보이는데, 남 앞에서 평가를 받게 되는 자리에 애초에 나가기가 두려운 것이지요. 설령 평가를 통해서 피드백을 받더라도 내가 발전하기 위해서 그 피드백을 연구하는 대신, 피드백을 무시하거나, 평가자가 나를 싫어한다고 적대적으로 해석하거나, 아니면 자괴감에 빠져 우울감을 느낄 수도 있습니다. 이른바 '유리멘탈'이라고 불리는 아이들은 결국 자존감, 자신감이 충분하지 않다고 할 수 있습니다.

반면 '나는 가족과 친구들에게, 혹은 신과 같은 초월적인 존재에게 사랑받는 존재야. 지금까지 여러 고비마다 노력해서 잘 해왔어'라는 의식이 충만한 아이들은, 지금 당장 미숙한 모습을 보이더라도 주눅 들지 않습니다. 오히려 어떻게 하면 더 잘 할 수 성공의 경험을 통해서 얻은 자신감과 부모님의 정서적인 지지가 결합하면 자존감도 높아지게 됩니다. '나는 괜찮은 사람이고, 나를 사랑하며 지지해주는 부모님이 계시다'라는 의식이 생기기 때문이지요.

있을지 경험자에게 조언을 받고 평가해달라고 부탁을 할 것입니다. 또 경험자들의 충고를 고맙게 받아들이고 새로운 방식으로 다시 도전하기도 하고요.

첫 번째 유형의 아이들과 두 번째 유형의 아이들을 비교해보면 어떤 아이가 잘 성장하고 성공적인 사회인으로 살 수 있을지는 고민하지 않아도 바로 아실 겁니다. 첫 번째 유형의 아이보다 두 번째 유형, 즉 자존감과 자신감을 두루 갖춘 아이들이 더 빠르게 더 많이 배우고 성장할 수 있겠지요.

이 글을 읽고 계시는 부모님들 중 거의 모든 분들이 자녀에게 자존감과 자신감을 심어주는 것이 중요하단 말을 한 번씩은 다 들어보셨을 겁니다. 노력도 해보셨을 테고요. 제가 학생들을 관찰하면서, 또 제 경험을 반추하면서 얻은 생각이 있습니다. 바로 '자신감을 기르기 위해서는 성공의 경험이 필요하다'입니다.

걸음마처럼 어른에게는 쉽지만 처음 하는 아이에게는 어려운 과제들이 있습니다. 이런 과제를 접하고 아이들이 처음에는 실패하고 어려움을 겪지만, 그 일을 해내고 말겠다는 의지를 가지고 차근차근 쌓아가는 경험을 하게 해주셔야 합니다.

그래야 아이들이 '지금 겪고 있는 어려움도 과거의 내가 헤쳐

나온 어려움들과 마찬가지로 잘 극복할 수 있을 것'이라는 생각, 다시 말해 자신감을 가질 수 있으니까요. 성공의 경험을 통해서 얻은 자신감과 부모님의 정서적인 지지가 결합하면 자존감도 높아지게 됩니다. '나는 괜찮은 사람이고, 나를 사랑하며 지지해주는 부모님이 계시다'라는 의식이 생기기 때문이지요.

성공의 경험에 대해서 설명해보고자 합니다. 보통 아이들의 교육을 대상으로 성공을 생각하면 시험성적을 높게 받거나, 좋은 대학에 입학하는 경우를 떠올리실 것 같습니다. 입시 위주의 한국 교육 상황에서는 공부를 잘 하는 아이가 성공한 아이라는 인식이 팽배하기 때문입니다. 이 때문에 공부를 잘해서 SKY에 갈 가능성이 높은 아이들이 아닌 절대다수의 아이들은 본인들이 '성공하지 못했다' '실패자다'란 느낌을 직접적이든 간접적이든 받게 됩니다.

앞서 1장에서 한국 아이들이 우울감과 스트레스 지수가 높고, 성적이 안 좋을수록 그 정도가 더 심각하다고 말씀드렸는데, 성적과 성공 척도를 일치시키는 사회적 분위기 혹은 부모님과 아이들 자신의 인식이 있다면 설명이 가능한 것이겠지요.

하지만 초중고 시절에 공부를 잘 한다, 혹은 시험성적이 좋다는 것은 인간의 지적능력 중에서 아주 적은 부분만을 측정하는 지표입니다. 지적능력이 같다고 하더라고 부모님의 경제력, 거주지역 등에 따라서 시험성적이나 대학입시 결과가 달라진다는 것은 이미 자명한 사실입니다. 다시 말해서 학창시절에 공부를 못한다, 즉 시험성적이 좋지 못하다고 해서 인간으로서의 지적능력,

총명함이 떨어진다고 말할 수 없습니다.

한국의 학교에서 시험이라는 형식을 통해서 측정하는 능력 외에도 우리에게는 다른 종류의 많은 능력들이 있습니다. 예를 들어 관찰력, 사회성, 창의력 그리고 시간이 충분히 주어지면 문제를 잘 풀 수 있는 능력 등이 있겠지요.

스탠퍼드대학교에서 박사 과정을 공부하며 만난 친구 중 한 명은 현재 미국 유명 대학교의 경제학과 교수로 활약하고 있습니다. 그 친구의 사례를 말씀드리자면, 그는 짧게 주어진 시간에 시험을 보면 심리적인 압박을 너무 심하게 느껴서 앞서 설명한 박사자격시험을 볼 때 어려움을 겪었습니다. 물론 시험에 합격하고 나서는 누구보다 뛰어난 성과를 보였고, 미국의 저명한 대학에 교수로 임용되었지요.

만약 그 친구가 한국에서 초중고등학교 시절을 지냈다면 수능이나 교내 각종 시험을 잘 보기 어려웠을 것이고, 좋은 대학에 진학하기도 어려웠을 겁니다. 왜냐하면 한국의 학력평가방식은 짧게 주어진 시간 동안 한 치의 오차도 없이 기계적으로 문제를 빠르게 풀 수 있는 그런 능력이 높은 사람들이 좋은 성적을 받게 되기 때문입니다.

무슨 이유에서든 간에 그런 능력을 갖추지 못한 경우라 하더라도 다른 종류의 능력을 가지고 있을 수 있습니다. 그런데 이런 사람들이 한국에서 성장한다면 자신의 능력이 무엇인지 깨닫기도 전에 본인은 '머리가 나쁘다' '공부를 못 한다' '능력이 없다'라고 규정 지을 가능성이 높습니다. 즉 자신감이 떨어지게 되어 결과적으로 자신이 가진 다른 재주와 능력을 개발하고 발휘하기 어려워지는 거지요. 정말 안타까운 일입니다.

▶작은 성공이라도 경험해보기

만약 아이의 학업성적이 그리 뛰어나지 않다면 부모님께서 좀 더 주의를 기울여주십시오. 아이가 학업성적으로 주눅 들지 않고, 통상적인 학업환경 외에서라도 성공의 경험을 쌓을 수 있도록 도와주셔야 합니다.

예를 들어 매일 5분간 스트레칭하기, 이불 개기나 청소 등 필요하지만 잘 하지 않게 되는 아주 쉬운 과제라면 어떤 것이라도 다 좋습니다. 중요한 점은 이 과제가 정말로 쉬워야 한다는 것입니다. '어려워서 나는 그 과제를 할 수 없었다'는 핑계를 대지 못하는 것이 핵심입니다. 그리고 그 과제를 일주일, 한 달 등 기간을 정해놓고 매일 수행하는 것입니다. 5분 스트레칭을 한 번 하는 것은 정말 쉬운 일이지만, 이를 매일 꾸준히 하는 것은 의식적인 노력이 필요한 일입니다. 일주일 동안 매일 5분간 스트레칭하기를 완수하고 나면 '아, 나도 뭔가 결심을 하면 해낼 수 있구나. 나는 할 수 있는 사람이구나'라는 경험을 하게 될 테니까요.

일주일간 매일 5분 스트레칭이라는 쉬운 과제를 성공하면, 다음으로 조금 더 어려운 과제에 도전할 수 있지요. 매일 야채 한 그릇 먹기나, 10분간 달리기 같은 과제를 한 달간 시행하는 것처럼 말입니다. 여기서 부모님께서 도와주실 일은 자녀가 그 일을 잊지 않도록, 귀찮아하지 않도록 격려해주시는 겁니다. 부모님께서 함께 과제에 도전해보기도 하고, 자녀와 내기를 해보는 것도 효과적인 방법입니다.

▶통제 가능한 목표 세우기

자녀들의 자신감을 훈련시키기 위해 제가 추천하는 방법은 계획 세우기와 실천입니다. 계획 세우기에서 주의할 점이 몇 가지 있습니다. 우선 목표입니다. 계획을 세울 때 '기말고사 수학 과목에 80점 이상을 받는다'와 같이 자녀가 전적으로 통제할 수 없는 목표가 계획에 들어가서는 안 됩니다.

대신 '기말고사까지 수학 학습지 한 권에서 시험에 해당하는 부분을 모두 풀어보고, 틀린 문제를 두 번씩 다시 풀어본다'와 같이 자녀가 전적으로 통제할 수 있는 투입(즉 노력)을 기준으로 설계해야 합니다. 그리고 기말고사를 볼 때까지 자신이 세운 계획을 모두 달성하면 실제 기말고사에서의 수학 점수와 상관없이 자녀를 칭찬해주시기 바랍니다.

사람들은 자신이 통제할 수 없는 지표를 가지고 심각한 평가를 받게 될 때 불안감과 두려움을 느낍니다. 중요한 평가 앞에서 나도 잘 하고 싶지만, 내가 아무리 노력한다고 해서 잘 할 것이라는 보장이 없으니 불안함은 당연한 겁니다. 그렇지만 평가 결과가 아니라 몇 시간씩 공부를 했는가, 학습지를 모두 풀어보았는가 하는, 내가 통제할 수 있는 노력을 기준으로 스스로를 다독인다면 불안감이나 두려움이 훨씬 덜해질 것입니다.

이 방법은 자녀가 공부를 잘 하는 경우에도 부모님께서 염두에 두셨으면 좋겠습니다. 그 이유는 여러 연구 결과, 사람들의 지능은 불안하거나 두려우면 평소보다 약 30퍼센트가 감소하여 발휘된다고 합니다. 불안한 마음을 처리하느라 에너지가 분산되기 때문이겠지요. 최선의 능력을 발휘해야 할 때 불안감 때문에 그나마도 내 실력의 70퍼센트만 발휘된다면 얼마나 안타깝겠습니까?

사람이 두려움으로 긴장하게 되면 뇌의 편도체라는 부분이 활성화됩니다. 편도체는 사람이 호랑이를 만났을 때처럼 생명의 위협을 느낄 때 활성화되는 부분으로, 당장 도망칠까 아니면 싸울까를 몇 초 내에 판단하도록 만드는 중요한 부분입니다.

그런데 편도체가 활성화되면 이성적인 판단능력, 소화, 면역력과 같이 생사와 관련이 없는 기능들은 현격히 떨어지게 되지요. 단순하게 표현하면 중요한 시험을 앞두고 불안과 공포감을 많이 느끼는 학생들은 시험에서 실력을 제대로 발휘할 수 없게 된다는 뜻입니다.

뉴욕대학교 신경과학자인 웬디 스즈키Wendy Suzuki 교수에 따르면 외상후 스트레스 장애PTSD와 같이 공포와 스트레스를 지속적으로 느끼는 상태는 공포를 관장하는 뇌의 편도체 크기를 증가시키지만, 동시에 청각과 기억을 관장하는 측두엽 그리고 장기기억력과 창조력을 관장하는 해마의 크기를 줄인다고 합니다.[41]

그러니 아이들이 통제할 수 없는 목표 대신에 스스로 달성할 수 있는 목표에 관심을 기울게 하여 스트레스 반응을 낮추는 게 중요합니다. 부모님께서 이 점을 잘 유념하셔서 성적이라는 결과가 아니라 학업 과정에서의 노력을 기준으로 칭찬해주시면 좋겠습니다.

계획과 관련해서 두 번째 주의할 점은, 주어진 마감일(예를 들어 기말고사 시작일)을 기준으로 반드시 내가 달성해야 하는 목표를 설정하고, 계획을 세우는 오늘까지 즉, 시간을 역순으로 계획을 세우는 것입니다. 이를 '역진귀납법'이라고도 하는데요, 만약 기말고사 때까지 수학 학습지를 두 번 풀기로 목표를 설정했다면, 남은 날짜를 계산해서 하루에 어디까지 풀지 계획을 세우는 것이지요. 만약 본인이 생각할 때 하루에 해내야 하는 공부의 양이 너무 많다면 최종 목표를 낮춰야 합니다.

예를 들어 책 한 권을 두 번씩 모두 다 푸는 것이 아니라 한 번만 푼 뒤 틀린 문제만 복습하는 것으로 목표를 잡거나, 아니면 나오는 문제 중에서 홀수 번 문제만 다 풀겠다고 목표를 잡으면 되지요. 자신이 어느 정도 기량이 되는지를 잘 파악하는 것이야말로 중요한 능력이거든요.

역진귀납법을 이용해서 계획을 세우고 실제로 실행하다 보면 내가 어느 정도까지 할 수 있는지에 대한 감이 생기게 됩니다. 그러면 다음에는 좀 더 잘 할 수 있게 되고, 계획을 합리적으로 세웠다면 궁극적으로 학업성적도 올라가게 될 것입니다.

이렇듯 계획을 영리하게 세울 줄 아는 능력은 사회인으로서 필수입니다. 기업들이 학점이 높은 지원자를 선호하는 이유는 다양하지만, 일반적으로 학점이 높은 사람들은 시험 날짜에 맞추어서 공부 분량을 잘 조절하는 능력이 있기 때문입니다. 기업의 모든 업무들은 기한이 있는데, 업무의 완성도가 어떠하든 간에 클라이언트에게, 혹은 상사에게 결과물을 보여주어야 하는 약속은 날짜와 시간이 관건이기 때문이지요.

그런데 적지 않은 사람들이 온갖 이유로 그 기한에 맞추어 결과물을 제출하지 못합니다. 본인의 능력을 과대평가하던지, 업무를 완성하는 데 필요한 시간을 과소평가했던지, 혹은 본인이 어떠한 일을 해야 하는지 정확하게 파악하지 못해서 클라이언트가 원하지 않는 방향으로 작업을 했던지 등의 이유에서 말입니다. 기업의 입장에서는 최악의 상황이지요.

이런 상황은 근로자에게도 처참한 결과를 일으키게 마련입니다. 미국같이 해고가 자유로운 상황에서는 바로 일자리를 잃게 될 수도 있고, 그렇지 않더라도 회사 내에서 모든 사람들이 기피하는 직원으로 낙인찍힐 수도 있습니다. 네트워킹은커녕 폭탄으로 낙인이 찍히거나, 동료와 상사에게 외면 받아 직장에서 인간관계가 고립될 수도 있습니다.

이 사정을 잘 이해하신다면 설령 자녀가 학업성적이 좀 낮더라도 걱정할 필요가 없습니다. 오히려 학교성적이라는 종목 이외에 어떠한 종목에서 내 아이가 성취를 잘 보여줄 수 있을지를 부모님께서 알아내시기만 하면 됩니다. 그 종목은 노래, 춤, 그림 등 이른바 예체능일 수도 있고, 공예나 공작 등 만들기 분야일 수도 있습니다. 연설이나 세일즈(판매)일 수도 있고요. 아이에게 맞는 종목을 찾은 후 관심과 노력을 기울인다면 굳이 명문대에 진학하지 않더라도 해당 종목의 전문가로 충분히 잘 성장할 수 있습니다.

한편 체계적인 계획 세우기와 실천하기를 통해서 얻을 수 있는 경험은 단순히 내가 계획을 달성했다는 주관적인 긍정의 느낌으로만 그치지 않습니다. 만약 계획이 올바르게 수립되었고, 설령 부족한 점이 있더라도 이를 개선한다면 정도나 속도의 차이가 있을지언정 자녀의 성적도 오르기 마련입니다. 단숨에 SKY에 갈 수 있을 정도로 성적이 오르지는 않더라도 계획을 세우고 실천하기 전보다는 분명 발전할 것입니다.

이런 계획 세우기가 중요한 이유는 직장, 일자리 등 공적인 관계에서 사람들에게 요구되는 것은 문제해결 능력problem solving skills이기 때문입니다. 어떤 비서가 유능하다는 평가를 받으려면 상사가 효율적으로 시간을 사용할 수 있도록 일정을 조율하는 문제를 매끄럽게 풀어내야 합니다. 유능한 공정 엔지니어는 기계가 작동할 때 글리치glitch가 발생하지 않고 불량률을 줄일 수 있도록 문제를 효과적으로 풀어낼 테지요. 대학교수는 본인의 전공 분야에서 국제 학계가 인정하는 품질의 학술논문을 생산하고, 후학을 양성해야 한다는 문제를 잘 풀어야 합니다.

이러한 문제해결 능력은 결국 문제가 무엇인지, 즉 목표를 잘 파악하고 내가 처한 현실(내가 활용할 수 있는 금전 및 시간적 자원의 정도, 나의 실력 등)을 반영해서 내가 할 수 있는 최선의 계획을 세우고 그를 수행하는 데에서 길러지는 것입니다. 이는 앞서 살펴본 계획 세우기 그리고 이행하기와 직결됩니다.

개방성이 필수덕목인 시대

앞서 살펴보았듯 심리학에서는 사람의 성격을 구분하는 기준으로 '빅5'라는 개념을 제시하였습니다. 빅5는 개방성, 성실성, 외향성, 우호성, 정서적 안정성이라는 다섯 개의 기준을 이용해서 사람들의 성격을 분류하는 것을 말합니다. 이 중에서 한국이라는 사회문화적인 상황과, 인공지능 시대를 살아가게 될 미래세대를 고려할 때 특이나 '개방성'은 그 중요도에 있어 가장 선두에 있어야 하지 않나 생각됩니다.

빅5에서 말하는 개방성이란 '새로운 경험에 얼마나 기꺼이 노출되려 하는지'라는 성향을 기준으로 판단합니다. 내게 익숙한 언어, 문화, 사회적인 관계를 벗어나 다른 언어, 문화, 관계를 시험해볼 의향이 얼마만큼 있는지를 뜻하는 것이지요. 동시에 내가 이미 알고 있는 지식과 시장, 고객군을 넘어, 얼마만큼 더 새로운 지식과 시장, 고객을 얻으려는 노력을 기울일지 그 적극성의 성향을 뜻하기도 합니다.

개방성이 높은 사람들은 새로운 지식을 배우는 데 거부감이 적어 개방성이 낮은 사람들에 비해서 학습력이 좋을 수밖에 없습니다. 본인이 적극적으로 새로운 지식과 문화를 접하려 하기 때문에 독립적이고 자율적인 사람일 가능성이 높겠지요. 창의력 또한 마찬가지일 테고요.

이 특성은 한국인으로서 인공지능 시대를 살아내야 하는 우리 자녀들에게 특히 중요합니다. 우선 한국이라는 사회는 집단적 동질성이 높습니다. 인구의 절대다수가 한국인인 단일민족 국가이고요. 아무리 너와 내가 다르다고 하지만, 결국 동북아시아 몽골로이드 인종에, 한국어를 사용합니다. 더구나 역사적으로 오랜 기간 중앙집권국가를 이루고 살았기 때문에 지역 간 문화적인 차이도 다른 나라에서처럼 극명하게 보이지 않습니다.

또 벼농사 문화의 특성상 개인주의적인 관계보다 가족, 마을, 국가를 중요하게 생각하는 집단적인 문화를 보입니다. 상대적으로 개인의 독창성이나 개인의 자유를 덜 중요하게 생각하는 것이지요. 이러한 특성을 말씀드린 이유는, 한국에서 한국인으로 자라난 사람들은 의식적으로 노력을 기울이지 않는다면 다양한 종류의 사람과 문화, 지식을 접할 기회가 많지 않다는 위험을 말씀드리기 위해서입니다.

물론 해외여행, 어학연수나 교환학생 등의 기회를 이용해서 해외 문물을 직접 접할 기회가 있지만, 언어와 문화가 완전히 다른 국가에서 짧지 않은 시간 동안 구성원으로 살아내는 기회는 보통의 한국 사람들에게는 아직도 드문 일입니다.

이에 더하여 우리나라 사람들은 한국에 대한 자부심이 강합니다. 심한 경우에는 이른바 '국뽕'이라고 불릴 정도로 합리적인 상식을 넘어서까지 한국의 우월성을 주장하는 경우도 있습니다. 이처럼 다양한 문화, 사회, 지식을 접할 기회가 적은 환경에서 자라나면서 '한국이 최고'라는 근거 없는 우월감을 갖게 된다면, 전 세계가 어떻게 연결되어 있고 어떻게 상호작용을 하는지, 세계가 어떻게 변화하고 있는지, 그리고 전 세계를 이끌어가는 이른바 수퍼파워들은 어떤 집단인지 배울 수 있는 기회가 사전에 차단되는 것이지요.

인공지능 시대에 개방성은 특히 중요한 특성입니다. 앞서 살펴보았듯이 인공지능 기술은 규칙화가 가능한 업무, 이른바 일상적인 업무를 잘 수행해내는 기술입니다. 반대로 말하면, 인공지능 기술은 새로운 상황에 끊임없이 노출되어 의사결정을 조정해야 하는 상황에서는 인간에 비해서 아직 미흡한 기술이기도 합니다.

개방성이 낮은 사람들은 지금 있는 상황, 일, 업무, 환경에서 편안함을 느끼고 안주하게 되지요. 변화에 거부감을 느끼는 이런 성향의 사람들이 선택하는 일은 규칙화가 가능한 업무, 즉 일상적인 업무일 가능성이 높습니다. 이런 업무는 인공지능이 더욱 뛰어나게 처리할 수 있는 업무일 테고, 결국 사람은 일자리를 잃게 될 위기에 처합니다.

이런 측면을 고려할 때 부모님들께서 내 아이가 새로운 지식,

사고 방법, 문화, 언어에 거부감이나 두려움을 갖지 않도록 도와주셨으면 좋겠습니다. 동시에 한국에 대한 자긍심을 갖더라도 다른 문화도 한국문화만큼 존중받아야 한다는 세계시민으로서의 의식을 키워주셨으면 합니다.

앞서도 말씀드렸지만, 제가 권하고 싶은 방법은 케이블TV, OTT, 인터넷을 이용해서 고품질의 다큐멘터리를 자녀들과 같이 보시며 간접 체험의 자극을 지속적으로 주는 방법입니다. 예를 들어 BBC, 내셔널지오그래픽과 같은 미디어 업체는 세계적인 전문가들이 참여하여 역사, 자연환경, 사회 등 다양한 내용의 다큐멘터리를 제작합니다.

돈과 시간을 많이 들이지 않더라도, 그 나라의 언어를 알지 못해도 한국인과 전혀 다르게 생긴 사람들이 어떠한 음식을 먹고 옷을 입으며, 어떤 집에서 사는지, 어떤 역사를 경험했는지 설명을 들으면서 시각적인 경험을 할 수 있습니다. 한 편 두 편 그 편수가 쌓이고, 시청 뒤 아이들과 의견을 나누는 시간이 쌓이면 아이들의 마음과 사고는 부쩍 성장해 있을 것입니다.

교육에 있어 한 가지 더 언급할 성격 특성은 바로 '끈기'입니다. 저는 2016년에 14년의 미국 생활을 마치고 한국으로 귀국했습니다. 귀국 이후 여러 가지 새로운 단어들을 배웠는데요, 그중 하나가 '존버'입니다. '엄청 힘든 상황을 버텨낸다'라는 뜻의 속어이지요. 표현이 좀 거칠긴 하지만 어감이 한국어가 아니라 외국어 같기도 하고, 아무튼 저는 그 단어가 참 마음에 들었습니다. 무엇보다 그 뜻에 공감이 되었기 때문이지요.

제가 끈기를 말씀드리는 이유는 끈기가 성공의 필수 조건이기 때문입니다. 어떤 일이든, 과업이든 한 번에 아무런 어려움이 없이 성공하는 것은 불가능한 일입니다.

아무리 천부적인 재능을 타고 났더라도 끊임없이 노력하지 않는다면, 그리고 어려운 상황에 처할 때 포기해버린다면 그 재능을 세상에 펼칠 수 없습니다.

아이들이 처음 걷기를 배울 때도 뒤뚱거리며 한두 걸음을 걷다가 주저앉는 걸음마라는 과정을 수없이 거쳐야만 가능합니다. 만약 아이가 일어나서 한 걸음을 떼었다 주저앉았다고 '나는 실패자'라고 생각해서 다시 시도하지 않으면 그 아이는 영영 걸을 수가 없습니다.

내가 달성해야 하는 과업을 위해서 검증된 방법을 가지고 노력을 기울이고 있다면, 내가 원하는 시점에 원하는 결과를 얻지 못하더라도 끈기를 가지고 버텨야 합니다. 아무리 천부적인 재능을 타고 났더라도 끊임없이 노력하지 않는다면, 그리고 어려운 상황에 처할 때 포기해버린다면 그 재능을 세상에 펼칠 수 없습니다. 끈기와 인내도 마치 근력운동을 해야 근육이 만들어지는 것처럼 연습을 해야 기를 수 있습니다.

당장 결과가 눈에 보이지 않더라도 일단 진득하게 노력을 기울여야 하는데, 사실 이 과정은 너무 지겹고 자괴감에 빠지기 쉽습니다. 이런 어려운 과정에서 자녀들이 포기하려 할 때 부모님들의 도움이 절실합니다. 아이들에게 '원래 어려운 과정이라 그런 기분이 드는 것은 당연하지만 너는 지금 잘 하고 있다' '한 걸

음만 더 나아가보자'라고 격려와 응원을 보내주는 것이 부모님의
역할입니다.

대한민국의 ◇ 학부모님께

현실 이슈에
맞서는 지혜

PART 4

물론 공교육에서 부족한 점을 메워준다는 측면에서
사교육이 기여하는 바는 분명히 있습니다.
다만 사교육은 영리를 목적으로 하는 산업이기 때문에
불필요하게 부모님의 불안을 부추기거나,
아이들에게 공부를 억지로 강제하여
자발적으로 공부하려는 동기나 공부에 대한 흥미를
빼앗는 문제도 발생할 수 있습니다.

제가 부모님들께 우선 당부 드리고 싶은 것은
사교육을 받는 목적이 내 아이의 부족한 점을 돕는 데 있지,
사교육 기관에서 인정받는 것이 아니란 점입니다.
학원을 열심히 다니는 것 자체가 목적이 될 수는 없지요.

영어유치원에 보내야 할까?

한국 부모님들의 교육열은 세계적으로 유명합니다. 아이가 태어나기 전부터 어느 어린이집, 유치원에 보낼지 고민하는 것은 놀라운 일도 아니지요. 아주 어릴 때부터 글을 가르치거나, 한국어를 막 익히기 시작한 어린아이에게 영어를 가르치는 일도 드문일이 아니지요. 피아노 등 예체능도 마찬가지고요. 이른바 한국 사회에 조기교육이 만연하고 있습니다.

요즘 조기교육에서 중요한 부분을 차지하는 것은 아무래도 영어 교육일 것입니다. 제가 자랄 때만 해도 한국이 개발도상국이어서 원어민 중에서 영어 교사로 일하려는 사람은커녕 국적을 불문하고 외국인을 서울에서도 보기 어려웠습니다. 제가 미국으로 유학을 떠났던 2002년까지만 해도 한국에서 영어 문법을 확인해주는 교정 서비스를 한국인들이 제공했고, 서비스의 질도 그리

믿을 만한 수준은 아니었습니다.

그런데 지금 제가 일하고 있는 서울대학교 국제대학원 학생들의 절반은 외국 국적자이고, 이들 중 반 이상이 미국, 캐나다, 호주, 영국 등 선진국에서 좋은 대학을 졸업한 학생들입니다. 이들은 한국에 관심이 있어서, 한류가 좋아서 한국에서 지내보고 싶다는 열망을 가진 사람들입니다. 상당수는 한국에서 영어 교사로 일하다가 본격적으로 한국에서 커리어를 쌓고 싶어서 대학원에 진학을 한 경우이고요.

이런 말씀을 드리는 이유는 전 세계에 한국의 위상이 많이 올라갔고, 한국을 좋아하는 영어 원어민들이 한국에 상당수 거주하기 때문에, 외국에서 근무할 기회가 있는 일부 특권층이 아니더라도 자녀들에게 양질의 영어 교육을 시킬 수 있는 길이 열렸다는 점을 말씀드리기 위해서입니다.

경제력이 뒷받침되는 가정에서는 자녀를 5세부터 '유아 대상 전일제 영어학원'(일명 영어유치원)에 보내기도 합니다. 문제는 이런 영어유치원은 특정 지역에 몰려 있고, 또 이 영어유치원에 보내는 비용이 상당하다는 것이지요. 2018년 〈중앙일보〉 보도[42]에 따르면 서울시에 위치한 영어유치원은 총 237곳인데, 이 중 95개(40퍼센트)는 강남, 서초, 송파, 강동구에 위치합니다. 이들 네 개 자치구는 서울시 인구의 21퍼센트를 차지하고 있는데, 영어유치원의 40퍼센트를 보유하고 있으니 다른 지역 대비 영어유치원이 많이 있다는 의미입니다.

제가 해당 기사자료와 통계청의 인구수를 이용하여 각 교육지

〈표 4-1〉 서울시 영어유치원 수 및 인구 대비 비중 (2018년 기준)

교육지원청	영어유치원 수	인구 100만 명당 영어유치원 수
강남서초(강남구, 서초구)	49	50.2
강동송파(강동구, 송파구)	46	42.0
중부(종로구, 중구, 용산구)	23	45.3
성동광진(성동구, 광진구)	20	30.1
영등포구, 구로구, 금천구	20	19.9
은평구, 서대문구, 마포구	18	15.4
강서구, 양천구	17	16.0
노원구, 도봉구	14	15.9
성북구, 강북구	12	15.9
동대문구, 중랑구	10	13.3
동작구, 관악구	8	8.9
서울시 전체	237	24.3

출처: 〈사교육없는세상〉 및 통계청 KOSIS(2018년) 및 저자 계산

원청 별로 인구 100만 명당 영어유치원 수를 계산해본 결과 〈표 4-1〉과 같이 나왔습니다. 강남과 서초의 경우 인구 100만 명당 영어유치원 수는 50개에 달하지만, 동작구와 관악구의 경우에는 아홉 개에 불과합니다.

더욱이 자녀를 영어유치원에 보내는 데 드는 비용도 만만치 않습니다. 보통 반일제로 운영되는데 2018년의 경우에는 학원비가 평균 월 103만 원, 연간 1,236만 원에 달합니다.[43] 같은 연도 서울시 거주 가구의 연평균 소득이 4,920만 원, 40대 가구주에 한정하더라도 5,610만 원입니다.[44] 이를 계산해보면 자녀 한 명의 영

어유치원 교육비로 서울시 거주 가구 총소득의 22퍼센트 이상이 필요하다는 의미이지요. 공식적인 유치원 비용 이외에도 교재비, 등록비, 과외 활동비 등 각종 비용이 추가되고, 반일이 아니라 전일제로 보내는 경우에는 가파르게 비용이 올라갑니다.

결국 부모님 모두 대기업에 정규직 직원으로 근무하는 경우나, 그에 필적한 경제력을 가진 경우가 아니라면 자녀를 영어유치원에 보내는 것이 현실적으로 매우 부담스러운 상황입니다. 어릴 때 원어민에게 영어를 배우는 게 영어학습에 도움이 된다고 하는데, 경제적 형편 때문에 내 아이에게 좋은 것을 해줄 수 없는 부모님의 심정이 얼마나 힘들까 싶어 안타까운 마음이 큽니다.

그렇지만 부모님께서 이런 상황을 자녀에게 미안해하거나, 사회에 대해 분노를 표하거나, 아예 체념해버리는 것은 그리 좋은 방법이 아닌 것 같습니다. 제가 감히 예상하건대, 이 글을 읽고 있는 부모님들 가운데 본인이 원하는 만큼 돈과 시간, 에너지를 자녀 교육을 위해 마음껏 쓰실 수 있는 분은 그리 많지 않을 것입니다.

자녀가 어릴 때 영어유치원에 보낼 정도의 경제적 능력이 있다 하더라도, 자녀가 자라면서 과목별로 유명하다는 학원에 모두 등록을 시키거나, 용하다는 대입 컨설팅을 받는 것을 모두 다 섭렵하기는 어려운 일입니다. 정도의 차이는 있을지언정 부모님들은 대부분 결국 본인이 가진 경제력, 시간, 네트워크의 한계에 부딪치는 상황을 마주하게 됩니다.

그러니 만약 지금 영어유치원 때문에 고민이 된다면 일단 마음을 편안하게 가지고, 지금 내가 할 수 있는 한도 내에서 자녀에게 어떻게 도움을 줄 수 있는지 적극적인 전략을 모색하는 데 관심을 기울이시면 좋겠습니다.

자녀의 영어 교육과 관련해서 부모님들께서 전략을 세우는 데 도움을 드리고자 몇 가지 사항을 말씀드리겠습니다. 첫째는 영어 교육의 최종 목적입니다. 가능만 하다면 한국의 부모님들은 자녀들이 영어를 마치 미국 사람처럼, 원어민처럼 발음하고 자유롭게 말하기를 원하실 겁니다. 한국어와 영어를 모두 모국어처럼 자유롭게 구사하는 것 말이지요. 당연히 좋은 목표입니다만 이 목표를 달성할 가치가 현실적으로 있는지에 대해서 우선 생각해보겠습니다.

어떠한 목표이든 간에 그 목표를 이루기 위해서는 그에 상응하는 대가가 필요합니다. 영어와 한국어를 완벽하게 하기 위해서 부모님의 교육투자를 제외하고도 자녀가 치러야 할 대가가 있습니다. 두 언어를 익히기 위해서 시간과 노력을 들여야 한다는 것이지요.

제가 근무하는 서울대학교 국제대학원은 영미권에서 학부를 마쳤거나, 해외에서 거주한 경험이 있는 한국 학생들이 재학생의 약 3분의 1을 차지합니다. 수업을 가르치거나 논문 지도를 하면서 이런 학생들을 가까이에서 관찰할 일이 많습니다. 또 서강대학교에서 근무할 때 만났던 학부생들 중 상당수가 영어유치원을 다녔던 학생들이었습니다.

제가 지금까지의 경험을 바탕으로 감히 말씀드리자면, 부모님이 생각하시는 진정한 의미의 '이중언어 구사자Bilingual'는 극히 희귀합니다. 일자리와 관련해서 '영어와 한국어 모두 능통하다'는 의미는 보고서 작성, 프레젠테이션, 회사 내외의 네트워킹 등을 영어로도 한국어로도 가능하다는 의미입니다.

영미권에 거주하는 한국인 교포나 어릴 때 유학을 갔던 사람들을 떠올려보세요. 이분들 중에 얼마만큼이 미국에 있는 미국 회사와 한국에 있는 대기업 모두 가릴 것 없이 어디서든 자연스럽게 회사의 일원으로 일할 수 있을까요? 거의 없을 겁니다. 일상의 사적인 관계에서는 영어와 한국어를 모두 모국어처럼 구사할 수 있을지언정, 업무를 할 때는 두 언어 중 하나만을 사용하는 경우가 대부분입니다.

아이들이 한국에서 자라면 의식적인 노력을 하지 않더라도 한국어를 습득할 수 있습니다. 하지만 조리 있게 말하고 보고서를 작성하며 상대방을 설득하는 일을 잘 하기 위해서는 각고의 노력이 필요합니다. 이런 노력을 한국어와 영어 버전 두 가지 모두 다 잘 하기 위해서는 정말로 많은 시간과 노력을 들여야만 가능하지요. 부모님들의 재력이 뒷받침된다고 하더라도, 결국 아이들이 잘 시간, 운동할 시간, 친구들과 뛰놀 시간, 심지어 언어를 제외한 다른 능력을 개발하기 위해 필요한 시간을 희생해서 영어 능력을 쌓아야 한다는 의미입니다.

그런데 영어로 일을 할 수 있을 정도로 원어민처럼 말하는 것이 그 많은 희생을 치러서라도 얻어야 할 가치가 있는 능력일까요? 제 대답은 '아니오'입니다.

경제학에서는 '비교우위'라는 개념이 있습니다. 어떤 개인이나 기업, 국가가 상대방보다 상대적으로 유리한 분야나 능력을 지칭합니다. 영어와 수학 모두 100점을 맞는 아이(편의상 '영희')와, 영어는 50점, 수학은 30점을 맞는 아이(편의상 '은희')가 있다고 봅시다. 영희는 두 과목 모두에서 은희보다 점수가 높습니다. 이를 두고 '영희는 영어와 수학 모두에서 은희에 비하여 절대우위에 있다'라고 표현할 수 있습니다.

그런데 영어로 일을 할 수 있을 정도로 원어민처럼 말하는 것이 그 많은 희생을 치러서라도 얻어야 할 가치가 있는 능력일까요? 제 대답은 '아니오'입니다.

그런데 영희가 두 과목 모두 은희보다 높은 점수를 받았지만 영어는 50점, 수학은 70점이 더 높아 두 과목 간에 차이가 발행합니다. 즉 은희와 영희의 성적 차는 영어보다 수학에서 더 크다는 얘기죠. 이런 경우에 영희는 수학에, 은희는 영어에 비교우위가 있다고 지칭합니다. 만약 영희와 은희가 두 과목 중에 한 과목만 집중을 해야 한다면 영희는 수학을, 은희는 영어를 선택하는 것이 유리하다는 의미입니다.

비교우위의 관점으로 생각해볼 때 자녀들이 영어 습득을 위해서 너무 많은 시간과 노력, 에너지를 기울이는 것은 현명하지 않습니다. 여러분의 자녀가 미국 원어민 같은 영어 능력을 갖추었다고 하더라고 그런 능력을 가진 사람은 영어권 국가에 이미 아주 많이 존재합니다. 결국 이들과 자녀를 구별시켜줄 수 있는 특별한 장점 혹은 실력이 없이는 아무런 소용이 없다는 이야기입니다.

군이 세계 일류기업이 영어를 잘 하는 사람을 고용하려면 미국이나 영국 사람 중에서 구하지, 영어를 잘 하는 한국인을 찾을 필요가 없지요. 한국에서 나고 자라는 여러분의 아이들이 국제무대에서 전문가나 창업가로 활약하는 데 필요한 것은 세계무대에서 경쟁할 수 있는 본인 전문분야에서의 실력입니다. 더불어 아이들이 재능을 마음껏 펼치는 데 방해가 되지 않을 정도의 영어 실력이면 충분합니다. 원어민과 같은 유창한 발음은 필수 조건이 아닙니다.

자신의 본업에서 실력이 있다는 전제하에, 영어를 비롯해서 여러 외국어를 잘 하면 잘 할수록 좋겠지요. 하지만 어학 실력은 전문 통역사를 직업으로 하지 않는 이상, 영어구사력이 본업에서의 실력만큼 중요하지는 않습니다. 다만 부족한 영어 때문에 본업에서의 실력을 발휘하는 데 어려움이 있진 않아야 하겠지요.

그럼에도 필요한 영어 능력

우리 아이들이 접근할 수 있는 지식의 범위나 깊이와 관련해서 영어 능력은 매우 중요합니다. 그 이유는 전문지식의 상당수가 영어로 기록되어 유통되기 때문입니다. 노벨상 수상자를 세어보면 미국(총 404명, 과학 분야 293명)이 압도적인 1위를 차지하고 있고, 뒤를 이은 2위 역시 같은 영어권 국가인 영국(총 137명, 과학 분야 95명)입니다. 3위인 독일은 111명, 아시아권에서 제일 높은 일본은 7위로 29명에 그치고 있습니다.

전 세계 대학원생 교육에 있어서도 미국 학계의 위상은 절대적입니다. 전문 영역에서의 지식은 한국어로 작성될 가능성보다 영어로 기록되어 출판되거나 논문 등 문서로 작성될 가능성이 높다는 의미이겠지요. 그러니 한국어로 학습하는 것 외에도 영어를 잘 구사한다면 더 넓은 범위의 전문지식을 깊이 있게 습득할 수 있습니다. 아이들이 전문가로서의 능력을 키우는 데에도 유리할 수밖에 없고요.

학교에서의 영어 성적이나 토익 점수를 높이는 것이 영어 공부의 궁극적인 목표가 되어서는 안 됩니다. 오히려 영어 신문이나 논문 등을 빠르게 읽고 제대로 이해하는지, 영어 뉴스나 강의를 들을 수 있는지, 배우는 과정에서 이해하지 못하는 것이 생기면 궁금한 점을 영어로 정확하게 물어볼 수 있는지가 영어 공부의 척도가 되어야 합니다.

그렇다면 어느 정도의 영어 실력을 갖춰야 자신의 전문분야에서 부족함 없이 일할 수 있을까요? 영어 읽기와 듣기를 통하여 빠르게 정보를 습득할 수 있고, 말하기와 글쓰기를 통해서 자신의 전문적인 견해를 다른 사람들에게 정확하고 효과적으로 전달·설득하며, 공식적으로나 사적으로 네트워킹을 하는 데 어려움이 없는 정도일 것입니다.

제가 미국에 유학을 가기 전까지 생각했던 '영어능력'과 이후 유학생활, 미국에서의 경제학계 생활, 세계은행World Bank, 국제통화기금IMF, 아시아개발은행ADB 등과의 협업을 통해서 깨닫게 된 '진정한 영어능력' 간에는 상당한 차이가 있습니다.

미국에 가기 전까지는 저도 토익이나 토플과 같은 시험점수가 높고, 영어 발음이 원어민과 유사한 것, 빠르게 말하는 것이 영어능력의 척도라고 생각했습니다. 그런데 전문가로 활동함에 있어서 이러한 척도로 영어능력을 평가하는 것은 적절하지도 않고, 실제로 이용되지도 않는다는 것을 알게 되었지요.

경제학계, 국제기구, 정책설계자라는 집단에서의 영어능력이란 본인의 생각을 오해의 소지가 없이 정확하게 상대방에게 전달하고, 그 생각이 왜 중요한지, 그 근거는 무엇인지, 다른 사람들과의 견해와 무엇이 다르고 어떠한 강점이 있는지를 말과 글로 설명하는 것이 기본이었습니다. 그 과정에서 난상토론이 벌어질 때도 있는데, 그 가운데에서 자신의 주장을 영어로 설득시키는 것이 필요하지요.

유려한 영어 표현과 원어민 같은 영어 발음은 가점을 받을 수는 있지만 필수는 아닙니다. 오히려 알맹이가 없는 말은 아무리 유창하게 영어를 구사한다고 해도 말한 지 1분도 채 되지 않아 바로 제지를 당하게 됩니다. 청중들이 곧바로 득달같이 바로 질문을 퍼부을 테니까요.

대학원 면접이나 외부에서 영어로 인터뷰를 해보면, 외국에서 생활한 경험을 기초로 영어실력을 믿고 지원하는 경우가 종종 있습니다. 이런 분들을 면접해보면 이른바 '유창하게 영어를 구사'하지만, 본인의 생각이 아닌 남이 작성한 대본을 줄줄 읽는 것 같은, 마치 배우가 연기를 하는 것과 같은 인상을 받습니다. 아니나 다를까 제가 조금만 질문을 해보면 적절하게 답을 하지 못하고 멍하게 있거나, 아니면 질문과 상관없이 자신이 만든 대본에 따라 끊임없이 말을 계속하곤 합니다.

이런 경우는 영어 발음이나 읽기 속도와 상관없이 전문가에게 요구되는 영어실력에 미달된다고 평가합니다. 무엇보다 질문의 요지를 제대로 알아듣지 못하는 것이니 의사소통이 안 되는 것이고요. 본인이 이야기한 내용에 대한 질문에 답을 하지 못하니 언어 순발력이 없거나 전문가로서의 능력이 없다는 이야기이니까요.

이제부터 전문가로서의 영어능력을 개발하기 위해서 읽기, 듣기, 말하기, 쓰기 별로 어떻게 노력을 해볼 수 있을지 제가 정리한 것을 말씀드리겠습니다.

▶ 읽기

아직까지 전 세계 지식과 경제의 패권은 영미권 국가가 점유하고 있습니다. 프랑스, 독일 등 영미권이 아닌 유럽국가의 지식인들은 대부분 영어를 능통하게 구사합니다. 첨단의 지식을 알려면 영어를 통해서 습득해야 할 필요성이 많으니까요. 지식의 습득에 있어서 영어로 된 보고서, 기사, 책을 빠르고 정확하게 읽고 이해하는 능력은 필수입니다. 한국의 영어 교육은 전통적으로 문법과 읽기에 치중되어 있어서 '읽기'는 한국 사람들이 상대적으로 잘하는 분야이기도 하지요.

한국에서 정상적인 영어 교육을 착실히 받았다면 읽기 능력의 토대는 되어 있을 것입니다. 이에 추가적으로 할 일은 잘 쓰인, 검증된 영어로 된 글을 많이 읽는 것입니다. 아이들의 영어 교육 용도로는 영어로 된 그림책, 만화책, 어린이 혹은 청소년용 소설, 잡지 등을 부모님과 같이 읽으면 좋을 것 같습니다. 어느 정도 학년이 올라가면 BBC, 〈뉴욕타임스〉〈뉴요커〉 등과 같은 저명한 영어 미디어 매체에서 아이가 관심을 보이는 주제를 골라서 재미

삼아 부모님과 같이 읽는 것도 권장합니다.

저는 세계 각국의 요리와 음식에 관심이 많은데요, 경제 기사를 읽는 것은 의무감이 들고 왠지 노동 같은 기분이 들지만, 〈뉴욕타임스〉 주말판에 나오는 요리나 식당 기사를 읽는 일은 부담스럽지 않고 즐겁더군요.

영어에 대한 두려움이나 거부감을 없애고, 영어를 자연스럽게 느끼는 것이 일단 제일 중요하므로 자녀의 나이와 지적 수준, 관심에 부합하는 내용이면 종목이나 주제와 상관없이 읽기를 권해주시면 좋겠습니다. 참고로 영어로 된 고전 책들은 '구텐버그프로젝트https://www.gutenberg.org'에서 무료로 읽을 수 있으니 한번 활용해보셔도 좋을 것 같습니다.

▶ 말하기

말하기의 핵심은 두 가지인데요, 우선 하고 싶은 말을 영어로 얼마나 빠르고 정확하게 표현할 수 있는지와, 내 말을 소리 혹은 음성학적 측면에서 영어 구사자들이 얼마나 잘 알아들을 수 있는지의 여부입니다.

내 생각을 영어로 표현하는 부분은 적당한 영어 교재만 있다면 원어민 교사가 없더라도 습득이 가능합니다. 기본적인 영어 표현과 문장은 외워야 하고요. 전문지식 용어나 표현을 익히려면 해당 자료를 보면서 배우고 익혀야 합니다. 이 역시 원어민 교사가 없더라도 크게 불이익을 받지 않습니다.

두 번째 측면의 경우 내 아이가 영어로 말하는 소리를 영어 원어민이 영어라는 언어로서 얼마나 잘 이해하는지를 뜻합니다. 미국인이 내 말을 잘 알아듣도록 하려고 일부러 미국인처럼 말을 할 필요는 없습니다. 미국 안에서도 지역별로 인종별로 다양한 억양, 이른바 사투리가 있지만 서로의 말을 알아듣는 데에는 문제가 없으니까요.

인도 출신의 엔지니어나 싱가포르 출신의 학자들은 영어를 구사할 때 그들만의 독특한 억양이 있습니다. 하지만 미국에서 전문가로 활동하는 데 크게 어려움을 겪지 않습니다. 결국 적당한 선, 즉 내가 말하는 영어 발음을 원어민이 들어서 이해하는 정도면 일단 기초 실력을 갖추었다고 생각하면 됩니다.

물론 이만한 기초 실력이라도 온전히 갖추기는 만만치 않습니다. 제 세대같이 한국에서 한국인 교사에게 영어를 배운 경우에는 이 측면에서 분명히 한계가 많습니다. 어렸을 때 영미권에서 산 경험이 없는 40대 한국인들을 대상으로 영어 문장을 읽어보라고 한다면 대부분 영어 발음이 이상할 것입니다. 영어이긴 한데 무언가 한국어같이 들리지요.

제가 미국에 유학을 가서 당황한 경험이 있답니다. 식당 종업원들이 제가 말하는 영어는 잘 못 알아들으면서도, 심한 동남아식 억양을 가진 사람의 영어는 잘 알아듣더군요.

제가 언어학자나 영어 전문가는 아니지만 미국에서 14년간 박사학위 과정과 경제학 교수로 생활하면서 깨달은 점을 종합해보자면, 그 이유는 강세 때문입니다. 한국어는 일본어와 마찬가지로 한 단어를 구성하는 여러 음절에 특별한 강세를 부여하지 않습니다. 물론 문장을 말하면서 강조할 말과 그렇지 않은 말이 있으니 높낮이가 있기는 합니다. 그렇지만 '도서관, 책상, 프로젝트' 같은 다음절 단어를 발음할 때 특정

강세에 신경을 써서 발음하면 원어민 같은 영어 발음은 아니더라도 상대방이 잘 알아듣도록 말할 수 있습니다.

음절을 높이거나 강하게 발음하지는 않거든요.

그런데 영어는 다음절 단어가 있으면 항상 강세가 있습니다. 몇 번째 음절을 크거나 높게 발음해야 하는지 말이지요. 도서관이라는 뜻의 '라이브러리Library'라는 단어를 생각해보시죠. 이 단어의 발음을 한국어로 표기하면 '라이브-러-리' 총 3음절로 적을 수 있습니다. 이 세 개의 음절 중에서 첫 번째 음절에 강세가 있습니다. 처음의 '라이브'를 크게 말하고, 음절의 길이도 이후의 '러' '리'에 비해서 길게 발음합니다.

반면에 이 단어를 순수 한국어처럼 발음한다면 '라-이-브-러-리' 다섯 개 음절이 되고, 다섯 개 음절을 각각 동일한 길이와 목소리 크기로 발음할 것입니다. 이처럼 영어식으로 발음할 때와 한국어식으로 발음할 때는 완전히 다른 소리와 리듬, 강세가 나오게 되지요.

이 강세에 신경을 써서 발음하면 원어민 같은 영어 발음은 아니더라도 상대방이 잘 알아듣도록 말할 수 있습니다. 만약 단어를 말할 때는 상대가 잘 알아듣는데, 문장을 말할 때 상대방이 잘 알아듣지 못한다면 발음 문제가 아니라 문법의 문제이거나, 한국

과 미국의 문화 차이에서 나오는 혼란 때문일 겁니다. 발음에 주눅이 들 필요가 없지요.

발음과 관련해서는 어렸을 때 외국에서 교육을 받았던 경험이 있거나 영어유치원을 다니며 이 능력을 구비했다면 단연 유리합니다. 학자들의 연구에 따르면, 사람이 태어나면 전 세계 언어에서 한 번이라도 사용되는 자음(600개)과 모음(200개)을 귀로 모두 구분할 수 있다고 합니다. 하지만 나이가 들면서 사람은 주위에서 자주 들리는 소리에 특화되고 나머지 잘 들리지 않는 소리는 더 이상 귀로 구분하지 못하게 됩니다.

예를 들어 일본인 신생아는 영어의 L과 R 소리를 구분하지만, 일본인 어른은 대부분 이 두 소리를 구분하지 못합니다. 이 때문에 유아기에 언어를 배우면 원어민과 같은 발음을 할 수 있습니다.[45] 학자에 따라 이견이 있지만 원어민에 가까운 소리를 낸다는 측면에서 보자면, 이른바 발음이 좋으려면 어려서 영어를 배우는 것이 유리하며, 보통 열 살까지는 배움을 시작하는 것이 중요하다고 합니다. 이런 측면을 고려할 때 아이들이 어릴 때부터 인터넷이나 학습교재 등을 이용해서 원어민의 노래나 대화를 많이 들을 수 있도록 환경을 만들어주시는 것도 좋겠습니다.

▶ 듣기

영어로 된 글을 읽고 말하기도 된다면 영어 듣기는 크게 문제가 되지 않습니다. 들리지 않는 소리를 말할 수 없으니, 영어 말하기를 잘 한다는 것은 영어 듣기가 어느 정도 잘 된다는 의미일 테고, 영어로 된 글 읽기가 잘 된다는 것은 복잡한 영어 문장과 단어에 익숙하다는 것이니 역시 영어 듣기가 잘 될 수밖에 없지요. 만약 영어 듣기에 추가적으로 시간을 쓰실 여력이 된다면 두 가지를 말씀드리고 싶습니다.

첫째는 다양한 억양의 영어 미디어를 자녀들이 접할 수 있게 해주시면 좋을 것 같습니다. 미국식이나 캐나다식의 영어가 아닌 다른 억양의 영어(영국식, 호주식) 혹은 타 언어의 억양이 섞인 영어(홍콩이나 싱가포르식 영어, 인도식 영어 등)들도 현실에서 많이 사용됩니다. 예를 들어 CNN이라고 하더라도 미국에서 제작되는 프로그램과 홍콩에서 제작되는 프로그램에서 사용하는 영어 스타일이 다르지요. 다양한 스타일의 영어에 노출되면 어떠한 상황에서도 영어 듣기에 자신감을 가질 수 있게 됩니다.

두 번째는 속도입니다. 일반적으로 영어학습용 영상은 일상적인 말하기 속도에 비해서 매우 느립니다. 일부러 일상적 대화보다 정확하게 발음하기도 하고요. 원어민 교사와 1대1 수업을 들을 때도 마찬가지입니다. 상대방에 맞게 일부러 천천히 정확하게 말을 해주지요. 하지만 실생활에서는 아무도 그렇게 영어를 구사하지 않습니다.

자녀가 어느 정도 성장하고 영어 실력도 쌓이면 영어 뉴스를 들려주시면 좋을 것 같습니다. 특히 CNBC와 같은 비즈니스 방송은 특히나 말하는 속도가 빠른데요, 영어에 자신감이 붙으면 이런 비즈니스 방송을 들으며 실력을 테스트해보는 것도 좋습니다.

▶ 글쓰기

생각을 영어로 정확하게 말할 수 있다면, 글쓰기는 생각을 글로 표현하는 과정입니다. 글쓰기는 보통 시공간을 초월해서 내 생각을 전달하려는 목적이 있기 때문에 공식적인 관계에서 사용될 가능성이 높습니다. 우리가 한국에서 태어나고 자라서 한국어를 모국어로 사용하고 내 생각을 능숙하게 말할 수 있다 하더라도, 이를 글로 잘 표현하는 것은 별도의 노력이 필요한 영역이지요. 상대방과 영어로 능숙하게 대화를 할 수 있다 하더라도 영어로 글을 쓰는 데는 별도의 노력이 필요합니다.

저는 교수이기 때문에 영어로 논문을 작성해서 국제학술지에 발표하는 것이 주요 업무입니다. 미국에서 박사학위를 하면서부터 지금까지 21년간 해온 일이지만 영어 글쓰기는 아직도 어렵습니다. 지금도 a, an, the 같은 관사는 원어민의 문법 교정을 거쳐야 안심이 되고요. 그렇지만 내용 구성과 관련해서는 어느 정도 경력이 붙고 숙달된 것 같습니다.

이 일련의 경험을 돌이켜보면 한국인으로서 영어 글쓰기 실력을 빠르게 높이려면 두 가지 능력을 키우는 것이 중요한 것 같습니다.

첫째, 영어로 표현된 글의 내용이 원어민의 입장에서 이해가 가능한 내용이어야 합니다. 앞서 말씀드렸듯이 한국어는 주어, 목적어, 시제 등과 같이 영어에서는 필수적인 정보를 누락하고 말하거나 쓰는 경우가 많습니다. 이런 핵심적인 내용이 누락되면 우선 영어로 표현을 할 수가 없습니다.

두괄식으로 자신의 생각을 먼저 말하고 그 후에 논리적인 이유를 설명하는 것이 중요합니다. 미국에서 만난 학부생들이 저에게 말을 할 때 보통 "I want 'A' because…" "I think 'A' is correct because…"라는 방식을 사용합니다. 즉 내가 원하는 것('A'), 말하고자 하는 것('A가 맞다')을 먼저 말하고 바로 그 이유를 설명하는 것이지요. 한국어나 한국적인 관계에서는 많은 경우 먼저 배경 설명을 다 거친 다음 마지막에 내가 말하고자 하는 바를 전합니다. 영어와 표현하는 방식이 반대지요. 그래서 영어로 글을 쓸 때는 핵심을 먼저 문단 처음에 배치하고 그다음에 설명을 쓰는 게 중요합니다.

첫째, 영어로 표현된 글의 내용이 원어민의 입장에서 이해가 가능한 내용이어야 합니다. 앞서 말씀드렸듯이 한국어는 주어, 목적어, 시제 등과 같이 영어에서는 필수적인 정보를 누락하고 말하거나 쓰는 경우가 많습니다. 이런 핵심적인 내용이 누락되면 우선 영어로 표현을 할 수가 없습니다.

마지막으로 내용이 합리적으로 이해가 되어야 합니다. 제가 미국에 가서 박사학위를 준비하던 초기에 당황했던 경험이 있습니다. 당시 지도 교수님께 논문 아이디어에 대한 설명을 5분 정도 이야기했는데, 교수님께서 다 듣고서는 "I don't understand…" 이렇게 말씀을 하시는 것이었습니다. '아니, 지금껏 내 말을 잘 듣고 계셨는데 이제 와서 알아듣지 못했다는 것이 무슨 뜻인가' 하고 당황했지요.

시간이 흐른 뒤, 특히 제가 교수가 되어 학생들의 이야기를 들으면서 비로소 알게 되었지요. 교수님이 알아듣지 못했다는 말의 뜻은, 제가 말한 내용을 논리적으로 이해할 수 없다는 것이었습니다. 그 이유는 제가 설명을 하면서, 제가 내린 결론의 근거를 정확하게 설명하지 않았던 것이지요.

글을 쓸 때에도 '내 결론은 C이다'라고 말한다면, 왜 A와 B가 아닌지를 모두 설명해야 합니다. 만약 이 중 하나라도 누락한다면, '왜 B가 아니고 C인가'라고 글을 읽는 사람이 의문을 품게 되고 결국 납득하지 못하게 되니까요.

두 번째는 문법입니다. 영어 문법을 알면 영어를 쓸 때 기본적으로 지켜야 하는 규칙을 알게 되지요. '주어가 단수이면 이에 상응하는 동사도 단수에 맞게 s를 붙여야 한다' 하는 식이지요. '주어-동사 상응subject verb correspondence'이라는 규칙인데요, 부모님들께서도 학교 다닐 때 영어시간에 귀에 못이 박히게 들으셨을 겁니다. 이런 규칙이 몸에 체화가 된다면 영어로 글을 쓸 때 실수하지 않게 되지요. 글을 쓰고 다시 읽어보는 퇴고 과정에서 스스로 고칠 수도 있고요.

자녀들이 영어 문법을 배울 때 지겹다고 느낄 수 있을 거예요. 제가 볼 때 문법의 매력은, 문법을 잘 알면 모든 경우의 문장을 일일이 다 외울 필요가 없이 규칙에 따라서 문장을 구사할 수 있다는 점입니다. 즉 외워야 하는 것이 줄어든다는 점이지요. 자녀들이 지겨운 영문법의 매력을 차츰 알아갈 수 있게 부모님께서 동기부여를 해주시면 좋겠습니다.

한국인을 위한 영어 노하우가 있을까

만약 해외 생활이나 영어유치원같이 자녀가 영어권 원어민과 시간을 보낼 수 있는 기회를 만들기 어렵다면 다음의 몇 가지 아이디어를 제안 드리고 싶네요.

첫 번째는 아이들이 영어를 비롯해서 한국어가 아닌 언어에 노출될 기회를 자꾸 만들어주시는 것입니다. 미국에 가지 않아도, 영어유치원에 가지 않아도 아이들의 나이에 맞는 수준의 영어 동요를 들려주시거나, 〈세서미 스트리트〉나 〈텔레토비〉와 같이 영유아용 교육 프로그램을 같이 보는 것도 좋은 방법입니다.

아이에게 억지로 영어를 따라하라고 상요하지 않아도 괜찮습니다. 아이들 귀에 한국어와 다른 음소를 들려주는 것이 우선 목적이니까요. 어느 정도 익숙해지거나 흥미를 가지게 되면 시키지 않아도 아이들이 노래를 따라서 부르거나 옹알거리게 됩니다. 이때 많은 칭찬을 보내주세요. 어설픈 발음이라고 고쳐주려 하지 마시고 일단 새로운 언어를 배우는 시도에 대해서 격하고 기쁘게 반응해주세요.

두 번째는 영어학습 시간입니다. 학자들의 연구에 따르면, 영유아가 언어를 배우는 방법과 어느 정도 나이가 들고 난 뒤에 언어를 배우는 방법이 다르다고 합니다. 부모님들께서 중고등학교 때 영어를 배웠던 방법은 문법을 배운 뒤 한국어로 문장을 생각하고 영어로 표현하는 것이었을 텐데요, 즉 한국어라는 모국어를 바탕으로, 문법이라는 규칙을 이용해서 번역을 하는 방식이지요. 여기에는 의식이 개입을 하게 됩니다.

반면 영유아는 '비의식적인 학습implicit learning'을 통해서 언어를 배운다고 합니다. 비의식적인 학습이란 원어민들이 말하는 것을 듣고 무작정 따라 하는 것을 말합니다. 의식적인 학습과 달리 비의식적인 학습의 경우, 학습의 대상이 되는 언어에 오랜 시간 동안 노출되는 것이 관건입니다.

2016년 영국 스코틀랜드 지방의 5세 아동을 대상으로 중국어 교육의 효과를 분석한 연구에 따르면 일주일에 한 시간 배우는 것은 학습효과가 없었지만, 30분을 추가로 학습하면 중국어의 성조를 정확하게 배울 가능성이 높아지는 것을 발견했다고 합니다.[46] 영어 교육의 집중도나 질보다는 일단 아이들이 영어에 노출되는 시간을 충분히 갖게 해주는 게 제일 중요한 것 같습니다.

세 번째는 동기부여입니다. 아이들도 사람인지라 본인이 싫어하는 일을 집중해서 노력하는 일을 장시간 지속할 수가 없지요. 어떤 행동을 자주 하려면 그 행동을 하는 것이 즐거워야 합니다. 저는 중학교 1학년 때 영어를 배우고, 고등학교 때 제2외국어(독일어)를 배웠습니다. 대학교에 와서는 중국어와 일본어를 배웠고요. 절대적인 능숙도를 기준으로는 단연 영어를 제일 잘 합니다만, 학습하려는 시간과 노력을 감안해서 투입 대비 산출이 가장 좋았던 언어는 일본어입니다. 언어 구사능력이나 투입 대비 산출이 가장 낮았던 언어는 독일어이고요.

돌이켜 생각해보면 이런 차이를 일으킨 결정적인 요인 중 하나는 언어를 배우려던 동기였던 것 같습니다. 영어는 입시를 치르거나 미국에서 살아남기 위해서 꼭 필요하기에 절박한 마음으로 공부를 했고, 독일어는 고등학교 내신과 대입 때는 본고사 대비용, 대학 때는 제2외국어가 필수라서 공부를 했습니다. 절박함에 공부했던 영어는 지금 제가 말하고 싶은 것을 원어민에게 말하는 데 그리 불편함을 느끼지 않는 수준이 되었지만, 입시나 교과과정 때문에 배웠던 독일어는 지금 모두 다 잊어버렸습니다.

반면 일본어는 대학교 1학년 때 학원을 세 달 다닌 것이 전부지만 이후에 일본 드라마를 본다든지, 일본에 출장을 다닐 기회가 계속 생기면서 자주 듣다 보니 일본어 단어들을 자연스럽게 많이 알게 되었습니다.

약간 관심이 있었던 중국어는 대학교 때 1년간 배우기는 했지만 홍콩 영화가 시들해지면서 중국어에 대한 저의 관심도 줄어들고 지금은 거의 기억이 잘 나지 않습니다.

결국 언어를 통해서 좋아하는 일을 할 수 있다면 그 언어에 대한 관심을 계속 갖게 될 것이며 당연히 실력이 늘 수 있습니다. 부모님께서 자녀에게 대학입시 등 학업을 위해서 영어를 공부해야 한다고 말하는 것은 아이들에게서 영어에 대한 긍정적인 관심을 이끌어내기에 부족합니다.

오히려 영어에 능숙해지면 자막 없이 미국 드라마를 볼 수 있다든지, 싱가포르나 영미권 국가로 편하게 자유여행을 떠날 수 있다고 어필해보시면 어떨까요. 영어가 능숙해지면 자녀가 하고 싶은 일에 더더욱 큰 도움이 될 거라는 점을 깨닫도록 해주시면 좋겠습니다.

특기 교육을 할 때 고려할 점

저는 교육열이 남달랐던 어머니와 자녀 교육을 최우선에 두셨던 아버지 덕분에 어릴 때부터 각종 사교육을 받았습니다. 유치원 때는 피아노, 초등학교에 다닐 때는 플루트, 서예, 태권도, 수영 등을 배웠고요. 그중에서 플루트는 딸을 음악가로 만들어보겠다는 어머니의 계획 덕분에 상당히 집중적으로 배웠습니다. 초등학교 때 콩쿠르에 나가 입상을 한 적도 있고, 예술중학교를 가려고 생각했을 정도였으니까요.

어머니는 어린 저에게 이런 다양한 교육을 시킨 것에 대해 굉장한 자부심을 가지고 계신데요, 저는 이런 교육이 정말 필요했었는지에 대해서는 다소 의구심이 듭니다. 요즘은 어머니와 대화를 나눌 때, 그 사교육비를 모아서 부동산 '갭 투자'를 하셨으면 투자 수익 측면에서 훨씬 더 나았을 것 같다고 농담을 주고받기도 합니다.

특기 교육의 목적이 무엇인지 부부 간에, 그리고 직접 자녀와 진지하게 대화를 나눠보고 고민하는 것이 먼저라고 말씀드리고 싶습니다. 자녀에게 다양한 문화를 경험하게 하기 위한 취미나 교양 제고가 목적이라면, 주위에서 가장 쉽고 저렴하게 배울 수 있는 종목을 경험하도록 해주시면 그것으로 충분합니다.

학교에서 하는 방과 후 활동이라던지, 동사무소나 도서관 등 비영리단체에서 주관하는 교육 활동을 활용하는 것도 좋은 방법입니다. 자녀들에게 음악을 가르치기 위해서 반드시 바이올린을 가르쳐야 하는 것도 아니고, 국악을 배울 기회가 더 많다면 해금이나 대금 등 우리 악기를 배우는 것도 좋은 대안입니다.

한편, 취미를 목적으로 특기 교육을 하는 것이 아니라 아이의 장래 직업을 목표로 배우길 원하는 것이라면, 충분한 시간을 들여서 자녀와 그리고 부부 간에 대화를 나누고 합의를 이루는 게 중요합니다. 이른바 예체능 분야는 다른 분야와 비교했을 때 빈익빈 부익부가 극심한 세계입니다. 작가나 영화인, 음악인의 상당수는 전문 활동만으로는 기초적인 생활수준을 영위하기가 어렵습니다. 극소수의 사람들만 스포트라이트를 받으니까요. 대학입시에 비견할 수 없지요.

자녀가 이렇게 극심한 경쟁에 뛰어들 만큼 해당 종목이나 악기 등 전공에 열정이 있는지, 그리고 재능이 있는지 자녀와 정직한 대화가 필요합니다. 설령 그렇다고 하더라도 자녀가 전문가로 성장할 때까지 ― 보통 대학에 들어갈 때까지 ― 필요한 경제적 시간적 지원을 해줄 수 있는지 부모님도 냉정하게 판단을 해보셔야 합니다.

제 어머니는 저를 플루티스트로 키우길 원하셨습니다. 초등학교 2학년 때 플루트를 시작했는데요, 그 당시에는 플루트라는 악기조차도 생소하던 시절이었습니다. 초등학교 6학년 때는 예술학교에서 주최한 콩쿠르에서 입상을 하기도 했고요. 그런데 지금 기억에도 플루트 교습을 받은 시간이 즐거웠던 기억은 거의 없습니다. 제가 스스로 플루트란 악기를 선택하지 않았기 때문입니다. 게다가 어떤 곡을 잘 연주하기 위해서는 기본적으로 반복연습이 필요한데, 저에게는 너무나 힘들게 느껴졌습니다.

돌이켜보면 저와 잘 맞는 길이 아니었던 것이지요. 어렸을 때라서 억지로 연습하여 콩쿠르에 입상할 정도는 되었겠지만, 만약 제가 플루트를 전공했다면 음악가로 그다지 성공하진 못했을 것 같습니다. 콩쿠르를 준비하면서 부모님께서 많은 고민을 하시더니 결국 음악을 그만하자고 말씀하시더군요. 지금 생각에도 제 인생에서 가장 잘 한 결정인 것 같습니다.

이야기를 마무리하기 전에 한 가지 말씀을 더 드리고 싶습니다. 프로 테니스 선수로 유명한 로저 페더러Roger Federer 선수 이야기입니다. 페더러 선수의 어머니는 테니스 코치였는데요, 아들이 어렸을 때 테니스공을 너무 이상하게 다루는 모습을 본 뒤 아들을 가르치는 것을 거부했다고 합니다. 페더러 선수는 어렸을 때 농구, 럭비, 탁구, 스키, 축구, 배구, 핸드볼, 배드민턴, 스케이트보드 등 아주 많은 종목을 조금씩 다 접했는데, 어느 한 종목에도 크게 관심을 나타내거나 두각을 드러내지 않았다고 합니다. 그런데 나이가 들면서 테니스에 정착했고, 세계적으로 유명한 테니스 선수가 된 것입니다.

학자들에 따르면 페더러 선수 같은 경우가 흔히 발생한다고 합니다. 여러 종목과 분야를 다양하게 접해보고 내가 어떤 것에 관심이 있는지를 알아보는 시기, 즉 샘플링 시기Sampling Period를 거친 사람들이, 처음부터 한 우물만을 판 사람들에 비해서 더 빠르게 성공적으로 성장한다는 것이지요.[47]

부모님이 선택한 특정한 악기를 일방적으로 배우게 하는 등 전공에 아이를 끼워 맞추지 마시고, 내 아이가 어디에 관심이 있으며 적성에 맞는지 다양하게 접할 수 있도록 선택의 기회를 많이 주시면 좋겠습니다.

시험성적을 올리는 전략

한국에서 아이를 키우는 부모님이라면 아무리 초연하려고 해도 자녀의 학업성적에 신경을 쓸 수밖에 없습니다. 학업성적은 당장 특목고 등 고등학교 입시와 대학입시에 결정적인 영향을 미치니까요. 안타까운 점은 예외적인 소수의 경우를 제외하면 아이들 대부분은 부모님의 기대만큼 성적이 잘 나오지 않는다는 것이지요. 심지어 부모님은 아이의 학업성적을 올리려고 애가 타는데, 아이는 공부하기를 거부하거나 부모님의 기대만큼 열심히 하지 않는 경우가 더 많지요.

이제 자녀의 학업성적을 올리는 데 부모님께서 어떠한 점들을 알고 계셔야 할지, 그리고 어떻게 자녀를 도와주시면 좋을지 제 생각을 나눠보고 싶습니다.

나의 공부법, 무엇이 문제인가?

사람이 특정한 행동을 계속하려면 그 행동으로 인해 즉각적으로 기쁨을 느끼거나, 즉각적이진 않더라도 그 행동의 결과로 기쁨을 느낄 수 있어야 합니다. 한국에서 학업성적을 위해 공부하는 것은 그 자체만으로 기뻐할 일은 아닙니다. 그러니 자녀 입장에서는 공부를 한 결과, 즉 시험성적이 본인이 기대한 만큼 만족스럽게 나와야지만 공부를 계속할 이유가 생긴다는 것이지요.

그런데 본인 나름은 게임 시간도 줄여가면서 공부를 한다고 했는데, 시험 결과가 원하는 만큼 나오지 않으니 더 이상 공부를 하고 싶지 않은 것이지요. 본인이 생각하기에 더 열심히 공부했을 때 거둔 시험성적과, 그냥 지금처럼 공부했을 때의 결과가 동일하다면 아무리 부모님이 공부하라고 잔소리를 해도 공부를 더 해야 하는 이유를 찾기 어려울 겁니다.

▶ 학습시간 : 주관적 느낌 vs. 객관적인 지표

먼저 자녀의 시험성적이 어떤 이유로 지금의 수준에서 머무르는 것인지 냉철하게 원인 파악을 해야 합니다. 워낙 다양한 원인이 있으니 일단 자녀가 '시험성적이 올랐으면 좋겠다'는 마음을 가졌다는 상황에 한정해서 논의를 하겠습니다.

요즘 저는 주중에 달리기를 종종 하곤 합니다. 달리기 자체가 좋아서라기보다는 제 나이와 건강상태를 고려할 때 달리기를 반드시 해야 하는 상황이기 때문이지요. 집 근처 공원에서 빠른 속도 아이들이 시험공부라는 자연스럽지 않은 행동, 익숙하지 않은 행동을 할 때는 아이들 스스로 얼마나 노력을 기울였는지 주관적으로 느끼는 정도와 객관적인 공부의 정도가 다를 가능성이 많습니다.

로 달리기를 하면 심장이 빠르게 뛰고 호흡이 가빠지면서 3분만 지나도 마치 10분이 지난 것 같은 기분이 듭니다.

공부도 마찬가지입니다. 아이들이 시험공부라는 자연스럽지 않은 행동, 익숙하지 않은 행동을 할 때는 아이들 스스로 얼마나 노력을 기울였는지 주관적으로 느끼는 정도와 객관적인 공부의 정도가 다를 가능성이 많습니다. 공부하겠다고 방에 들어갔는데 5분도 되지 않아 '딴짓'을 하게 되지요. 공부한다고 책상에 앉아 있지만 스마트폰을 보거나 인터넷 검색을 하는 일도 다반사이고요.

노력을 했는데 성적이 안 오른다면 일단 순수하게 공부에 집중하는 시간이 얼마인지 측정하는 것이 필요합니다. 그리고 자녀와 대화를 하면서, 스스로 생각할 때 본인이 공부를 얼마나 했다고 생각하는지 주관적으로 느낀 시간과, 실제로 타이머를 이용해서 측정한 공부 시간을 비교해서 보여주세요.

그렇게 하면서 주관적인 기분에 따라 공부 시간을 정하는 게 아니라, 객관적으로 공부에 들이는 시간을 기준으로 조금씩 공부 시간을 늘려나가는 겁니다. 이때는 한 시간을 연달아 공부하고 10분 쉴 수도 있고, 15분씩 나누어서 공부하고 중간에 1분 스트레칭을 해도 좋습니다. 자신에게 맞는 방법을 이용해서 공부에 투입하는 시간을 늘린다면 성적을 올리기 위해서 필요한 학습 분량을 채울 수 있습니다.

▶ 학습 효율성 : 불안감, 산만함 vs. 침착함, 한 번에 하나씩

학습시간이 어느 정도 보장된다면 학습의 효율성도 생각해봐야 합니다. 똑같이 두 시간을 공부하더라도 한 아이는 집중해서 공부했고 다른 아이는 그렇지 못했다면, 당연히 집중한 아이가 학습 분량이나 이해도의 측면에서 더 효과적으로 공부를 했을 것입니다.

부모님 보시기에 내 아이가 열심히 성실하게 공부한 것 같은데 기대만큼 성적이 나오지 않는다면 아이가 공부하는 동안 집중력이 흩어지지 않았는지 살펴보시길 바랍니다. '집중을 해야 해'라고 굳게 결심한다고 해서 집중력이 올라가지 않습니다. 대신 아이가 집중하는 걸 어렵게 만드는 것들이 무엇인지 파악하고 그 문제를 해결하는 게 효과적이지요.

제가 경험한 바도 있지만, 지도했던 학생들이 자주 호소하는 고통 중에 하나가 불안감입니다. 날짜를 보며 지금 시기라면 진도가 얼마는 나가야 하는데 아직 한참 모자란 상태라 느낄 때, 혹은 대입을 결정하는 중요한 시험을 앞두고 걱정과 긴장에 시달리는 것이지요.

이런 걱정과 긴장, 불안 등이 적절한 수준이라면 열심히 공부하도록 독려하는 좋은 동기로 작용할 수 있습니다. 하지만 한국처럼 공부에 대한 압박이 심하고, 아이들 간 경쟁이 심한 상황에서는 이런 걱정과 긴장, 불안감이 아이 혼자 감당하기 어려운 수준으로까지 극대화될 수도 있답니다. 이런 경우라면 공부에 몰입하기가 어렵죠. 자꾸만 불안한 마음이 들 테니까요.

비슷하지만 조금 성격이 다른 문제로 거론되는 것이 산만함입니다. 공부를 하긴 하는데 이것 조금하다가, 다른 것 조금하다가, 계속 부산하게 무얼 하는 경우를 말합니다. 이 역시 학습 내용을 충분히 이해할 수 있을 만큼 집중하지 못하기 때문에 투입한 시간에 대비해서 성과가 잘 오르지 않습니다.

산만함은 당장 해야 할 중요한 일들이 계속 발생한다고 느낄 때 나타난다고 합니다. 지금 수학 문제를 풀고 있다면 이를 계속 풀어야 하는데, 그것보다 더 중요한 일―예를 들어 갑자기 인터넷으로 영어 단어 뜻을 찾는다던가―이 생각나면서 결국 수학 문제 풀기를 멈추고 다른 일을 하게 되는 것이지요. 그리고 그 다른 일을 하는 도중에 또 다른 생각이 떠오르면서 수학으로 돌아가는 게 아니라 또 다른 동작으로 넘어가는 것입니다.

만약 자녀들이 불안증으로 어려움을 겪고 있다면 상담 등 전문적인 도움이 필요한지 잘 살펴보시길 바랍니다. 만약 심각하다고 느껴지면 지체하지 말고 전문가의 도움을 받으시는 것이 좋습니다. 심각한 상황이 아니라면 부모님들께서 자녀와 침착하게 대화하며 자녀가 스스로 통제할 수 있는 일과 그렇지 못한 일을 구분해보세요. 스스로 통제할 수 있는 일에 대해서는 최선의 노력을 다해보되, 그 후에 일어날 일에 대해서는 마음을 편하게 갖도록 해주시기 바랍니다.

예를 들어 몇 시간 동안 공부하거나, 문제집을 얼마만큼 푸는 것은 자녀가 통제할 수 있는 일입니다. 그런데 시험성적을 90점 맞는 것은 자녀가 완전히 통제할 수 없는 일입니다. 때에 따라 시험의 난이도가 높을 수도 있고요, 그날따라 자녀의 컨디션이 좋지 않을 수도 있으니까요.

시험성적만 가지고 자녀를 야단치지 말아주세요. 성적이 좋지 못해서 누구보다 속상하고 죄책감을 느끼는 사람은 자녀 본인입니다.

자녀가 사전에 계획한 목표 학습시간, 학습진도를 달성했다면 그 자체로 칭찬해주시기 바랍니다. 시험성적만 가지고 자녀를 야단치지 말아주세요. 성적이 좋지 못해서 누구보다 속상하고 죄책감을 느끼는 사람은 자녀 본인입니다. 부모님께서 속상한 마음을 위로해주시고 다음에는 조금 더 발전할 수 있도록 같이 해결책을 찾는 동반자가 되어주셔야 합니다.

한편 자녀가 산만함으로 어려움을 겪는다면, 우선 달성해야 하는 목표와 그 목표에 적합한 현실적인 계획을 세웠는지 자녀와 함께 논의해주세요. 계획이 너무 무리하게 세워졌다면 적절히 낮춰주시고, 만약 계획에서 누락된 부분이 있다면 빠진 부분을 보완해주세요.

일단 학습 계획이 잘 짜였다면 자녀가 그 계획에 따라서 실행하는 것에만 초점을 맞추고, 그 외에 학업에 도움이 될 것 같지만 계획에 포함되지 않는 것들은 철저하게 무시해야 합니다. 즉 한 번에 한 가지씩만 하는 것이지요.

지금부터 한 시간 동안 수학 문제를 풀기로 계획을 짰다면, 영어 숙제가 생각나더라도 한 시간이 지나기 전까지는 수학 문제만 푸는 것입니다. 간단하게 보이지만 생각보다 어려운 일입니다. 저는 노트에 중요하게 해야 하는 일을 자세하게 나누어 적어둡니다. 한 개의 아이템을 끝낼 때까지는 다른 일을 동시에 하지 않으려는 것이지요. 이런 수칙을 자녀와 같이 한번 시도해보시면 좋을 것 같습니다.

멘탈 관리

따로 말씀드리지 않아도 한국 학생들이 느끼는 대학입시, 학업에 대한 스트레스는 이미 잘 알고 계실 것입니다. 그렇지만 조금 더 배짱 있게 생각하면, 설령 시험을 한 번 잘못 본다고 하더라도, 설령 원하는 대학에 불합격하여 재수를 한다고 하더라도 다시 한 번 도전해보면 됩니다. 그래도 안 되면 다른 길을 찾을 수도 있고요.

만약 부모님께서 "시험을 못 보게 되면 인생의 패배자가 된다"라고 자녀들에게 계속 말씀하신다면 어떻게 될까요? 자녀는 딱 한 번 시험을 못 본 것을 과잉 해석해서 불필요하게 고통을 받지 않을까요? 아직 성인도 아닌 어린아이들이 친구들을 친구가 아니라 경쟁자로 여기게 만드는 험한 환경에서 생활하는 것도 모자라, 부모님께도 허심탄회하게 어려움을 털어놓을 수 없다면 아이들은 몹시 힘들어할 수밖에 없습니다.

부모님은 정신적으로 자녀의 마지막 피난처이자 흔들리지 않는 기둥 같은 존재가 되어야 합니다. 부모님이 자녀보다 더 불안해하고, 우왕좌왕하고, 상황을 과대 해석하면 아이들은 부모님을 믿을 수도, 의지할 수도 없습니다. 부모님을 의지할 수 없는 아이들은 한국에서 너무 어려운 상황에 처하게 됩니다.

다른 나라와 달리 우리나라에 특이하게 존재하는 시험 평가가 있습니다. 바로 내신입니다. 상대평가를 기초로 하는 시험들은 다른 국가에도 존재하지만, 일반고든 특목고든 상관없이 학교별, 학급별 특성을 감안하지 않고, 무조건 학교 내 시험 등수로 학생들을 줄세우고, 이 등수가 대학입시에 결정적인 영향을 주는 경우는 우리나라밖에 없습니다.

내신이라는 평가시스템으로 인해서 내 옆에서 생활하고 같이 공부하고 밥을 먹는 친구가 바로 나의 직접적인 경쟁자가 됩니다. 즉 아이가 친구들 사이에서 정서적인 지지를 기대하기가 구조적으로 어렵다는 이야기지요. 친구들과 이야기를 나누며 스트레스를 풀 수 있는 통로가 원천적으로 적은데, 부모님까지 아이들에게 감당하기 어려운 압박을 준다면 아이들은 어디에도 어려움을 풀 곳이 없습니다.

제가 고등학교 1학년 때였습니다. 중간고사였는데요, 유달리 수학 시험이 어려웠습니다. 문제도 보통 학습지에서 잘 보지 못했던 유형이었고, 계산도 정수로 딱 떨어지는 것이 아니라 소숫점 이하 숫자가 계속 나오는 까탈스러운 문제였던 것으로 기억합니다. 시험을 보고나서 답안을 보고 채점을 해보니 70점이 안 되

> 아이가 공부를 못 해도, 시험을 못 봐도 부모님은 의연해야 합니다. 같이 안절부절못하거나 분노하는 부모가 아니라, 침착하게 아이와 같이 문제를 해결하고 대처하는 성숙하고 능력 있는 부모님의 모습을 보여주어야 합니다.

는 점수를 받았습니다. 이전에도 이후에도 70점대를 받은 시험이 없어 너무 당황스러웠고, 부모님께 어떻게 말씀드려야 하나 걱정하며 귀가했습니다.

마치 죄인이라도 된 것마냥 기어들어가는 목소리로 어머니께 말씀을 드렸더니, "뭐, 어쩔 수 없지 뭐"라고 평이하게 대답하시는 것이었습니다. 당시에는 낮은 성적을 받은 것에 대해서 위로를 받지 못해서 좀 속이 상하기도 했습니다만, 지금 생각해보니 중간고사 성적이 위로를 받을 만큼 중요한 문제가 아니었던 것이지요. 어머니께서는 지나간 것은 그만이고, 다음에 다시 노력하면 된다는 메시지를 준 것 같습니다.

아이가 공부를 못 해도, 시험을 못 봐도 부모님은 의연해야 합니다. 같이 안절부절못하거나 분노하는 부모가 아니라, 침착하게 아이와 같이 문제를 해결하고 대처하는 성숙하고 능력 있는 부모님의 모습을 보여주어야 합니다.

시험도 연습이 필요하다

문제 진단을 통해서 자녀의 상태를 체크하고 적정량의 공부를 집중해서 했는데도 성적이 기대만큼 잘 나오지 않을 수도 있습니다. 이런 경우에는 '시험 연습'이 모자라서일 수도 있습니다. '시험 연습'이란 실제 시험과 같은 상황에서 문제를 푸는 연습을 말합니다. 가능하다면 실전 시험과 같은 시간대에, 동일한 시간 동안 같은 개수의 문제를 풀어보는 것이지요.

운동 경기를 생각해보시죠. 평소에 달리기 연습을 잘 하고 있더라도 대회에서 좋은 성적을 거두려면 대회와 같은 상황을 설정하고 여러 번 반복연습을 해야 합니다. 중요한 대회에서 긴장하지 않고 자신의 실력을 발휘하기 위해서 실전과 비슷하게 동료들과 연습 시합이나 모의대회에 나가기도 합니다. 올림픽 대표 축구팀도 월드컵 실전에 나가기 전에 국가별 친선 경기를 하면서 상대방의 전력을 분석하기도 하고, 우리 팀의 부족한 점이 무엇인지, 실력이 어떠한지 평가합니다. 결과에 따라서 새로운 전략을 수립하고 다음번 친선 경기에서 새로운 전략이 잘 들어맞는지 다시 테스트를 하지요.

학교 시험이나 대입 수능도 마찬가지입니다. 학습지에 있는 모의고사 문제나, 아니면 시험 부분에 해당하는 문제들을 미리 선택해서 한 세트를 만들어주세요. 실전 시험과 같은 시간 동안(예를 들어 50분) 알람을 설정하고 시험 문제를 풀어봅니다.

시험 연습 중에는 핸드폰, 인터넷은 물론이고 화장실도 사용하지 않으며 오롯이 시험 문제만 풉니다. 시험이 끝나면 10분간 스트레칭 등 휴식을 취한 뒤 답안과 비교하며 채점을 합니다. 채점을 한 뒤가 중요합니다. 만약 문제를 틀렸다면 왜 틀렸는지 파악해야 합니다.

다시 달리기 이야기로 돌아가보겠습니다. 달리기 연습을 많이 했더라도 특정 동작을 더 잘 해야 하는 상황도 있습니다. 땅을 힘차게 차는 발동작을 해야 그 반작용으로 몸이 앞으로 빨리 나아가겠지요. 만약 이 발차기 동작을 잘 못하는 경우라면 이 부분을 반복적으로 연습해야 합니다.

시험공부에 대입하자면, 이 경우는 특정한 개념이나 내용을 완벽하게 이해하지 못한 경우라고 할 수 있습니다. 이런 이유로 자녀의 성적이 좋지 않은 경우라면 문제를 풀 시간을 더 많이 준다고 하더라도 결과가 별로 달라지지 않았을 겁니다. 이런 경우는 해당 개념과 내용을 추가적으로 보완해서 공부하면 성적을 올리는 데 도움이 되지요.

다른 한편, 달리기를 하는데 처음에 오버페이스를 하는 바람에 후반에 힘이 빠져서 기록이 떨어지는 경우도 있습니다. 이 경우를 시험 상황에 대입해보면, 시험을 칠 때 앞쪽 문제를 푸는 데 오랜 시간을 들이다 보니 뒤쪽으로 갈수록 시험 문제를 제대로 풀지 못하고 시간이 없어서 이른바 '찍기'를 하는 경우입니다. 이런 경우라면 시간이 오래 걸리는 문제는 일단 넘어가고 나머지 문제들을 재빨리 푼 다음, 그래도 시간이 남으면 잘 모르는 문제를 풀길 권합니다. 이러면 공부를 더 하지 않았더라도 시험성적이 오를 수 있습니다.

전반적으로 빨리 달리지 못하는 경우도 있습니다. 이 경우는 특정 부분에 문제가 있다기보다는 전반적으로 달리기 실력을 올려야 합니다. 단기간에 실력이 오르기는 어렵지만, 차근차근 기초체력을 올려야 하지요.

시험에 대입해보면, 전반적으로 시험 문제를 푸는 데 시간이 오래 걸리는 경우입니다. 교과 내용을 잘 숙지하지 못하고 있거나, 교과 내용은 공부했지만 이를 문제 푸는 실력으로 이어주기 위해서 필요한 관련 문제 풀이를 충분히 하지 않았을 가능성이 높습니다. 이런 경우면 일단 공부에 들이는 시간을 늘려서 교과별로 관련 학습지 문제를 충분히 풀어주면 문제 푸는 속도가 급격히 빨라질 수 있습니다.

물론 이런 연습을 하는데도 문제 푸는 실력이 잘 늘지 않는 경우도 있는데, 혹시 자녀에게 읽기 능력과 같은 국어 능력이 충분

문해력에 문제가 없다면 아이들이 장문의 글을 많이 읽도록 도와주시는 게 중요합니다. 소설이나 신문의 글이면 더 좋겠지만, 제대로 된 글이라면 종류에 상관없이 글 읽는 것을 무조건 칭찬해주세요. 한지를 확인하는 것이 필요합니다. 문제를 빨리 풀려면 문제가 묻고 있는 내용이 무엇인지를 빠른 시간 내에 파악해야 합니다. 이를 위해서는 기본적으로 한글을 빨리 읽을 수 있는 연습이 되어야 합니다.

요즘 아이들 중에는 문해력이 기초 수준에 미달하는 경우가 많다는데 그런 아이들이라면 국어조차 이해 안 되는 상황에 어찌 문제를 풀 수 있겠습니까? 또 혹여라도 아이가 가벼운 난독증dyslexia이나 주의력결핍 과잉행동장애ADHD를 앓고 있는 것은 아닌지도 확인해주세요. 증상이 약한 경우에는 학업성적에 지장을 주지만, 보통 본인이나 주위에서 잘 인지하기 어렵다고 합니다.

우리 아이가 어느 정도 한국어 단어를 알고 있는지, 글 읽기가 제대로 되는지를 확인해주세요. 만약 문해력에 문제가 없다면 아이들이 장문의 글을 많이 읽도록 도와주시는 게 중요합니다. 소설이나 신문의 글이면 더 좋겠지만, 제대로 된 글이라면 종류에 상관없이 글 읽는 것을 무조건 칭찬해주세요. 특히 저학년 때 글 읽기에 취미를 들이거나, 빨리 읽기가 가능해진다면 학년이 올라가서도 많은 도움을 받을 수 있습니다.

국어와 수학을 왜 공부해야 할까?

우리나라 학업에서 '국영수'의 비중은 여전히 절대적입니다. 영어에 대해서는 앞서의 단원에서 말씀을 드렸기 때문에 나머지 두 과목인 국어와 수학에 관련해서 몇 가지 생각할 점을 짚어보고자 합니다.

국어는 시험 과목으로서도 중요하지만 모든 학습의 기초란 점에서 매우 중요합니다. 오늘날의 문해력 논란을 생각해볼 때 아이들의 국어와 문해력 실력을 학교에만 전적으로 맡길 수는 없습니다. 국어와 관련해서 제가 강조하고 싶은 것은 부모님들께서 일단 아이들이 충분한 어휘 능력을 갖추도록 도와주셔야 한다는 점입니다. 영어를 배울 때는 단어를 외우는 것이 기본입니다. 아무리 문법을 알아도 단어를 모르면 뜻을 이해할 수 없으니까요.

한국어도 마찬가지입니다. 최근 한국 191개 기업을 서베이한 결과에 따르면 최근 입사한 젊은 직원들의 한국어 실력이 부족한 것으로 나타났고, 56퍼센트의 응답자가 스스로 어휘력이 부족하다고 답했습니다. 심지어 신입직원을 채용할 때 국어능력시험을 포함해야 한다고까지 응답을 할 정도로 많은 사람들이 느끼는 문제가 심각합니다.[48]

일상생활에서 아이들끼리 말할 때는 사용하지 않지만 기본적인 소양을 갖춘 한국인으로서 알아야 하는 단어들이 있습니다. 이런 단어들은 보통 교과서나 신문에서 볼 수 있지요. 교과서나 신문에 나온 글들을 읽으면서 모르는 단어가 있는지 확인하고, 이 단어들을 사전에서 찾으면서 뜻을 배우도록 부모님께서 지도해주셨으면 합니다.

제가 초등학교 3학년 때였습니다. 국어 선생님께서 사전을 준비하라 하시고, 국어 교과서에 나오는 단어들을 사전에서 찾아 주석으로 달게 하는 숙제를 계속 내주셨습니다. 단어의 뜻을 가장 많이 찾아온 학생을 뽑아서 칭찬해주셨던 기억이 납니다. 저도 열심히 단어를 사전에서 찾아 빼곡하게 적었던 것 같습니다. 이처럼 자녀들이 보물 찾기를 하듯이 모르는 단어를 사전에서 찾고 배우도록 옆에서 독려해주세요.

관련해서 한자를 가르치는 것도 좋은 방법일 듯합니다. 제가 초등학교에 다닐 때에는 많은 학생들이 한자나 서예를 배웠는데요, 저는 붓글씨를 쓰는 것도 좋아했고, 특별히 외우려고 노력하지는 않았지만 덕분에 한자도 많이 알게 되었습니다.

한자를 말씀드리는 이유는 한국어에서 명사 대부분, 즉 뜻을 나타내는 말은 한자어이기 때문입니다. 한자는 뜻글자이기 때문에 한자를 알면 한국어 단어를 이해하는 데 도움이 됩니다. 예를 들어, 아이들이 한자를 안다면 '지하'라는 단어는 땅(지地)의 아래(하下)라는 뜻을 알게 되니까 쉽게 뜻을 이해할 수 있을 테지요.

아이들에게 적합한 내용이기만 하다면 어떠한 책이더라도 되도록 많이 읽기를 권합니다. 전자매체, 핸드폰, 컴퓨터가 아니라 종이로 된 책을 손으로 만지고 느끼게 하면서 즐거운 경험을 쌓게 도와주세요.

아이들에게 적합한 내용이기만 하다면 어떠한 책이더라도 되도록 많이 읽기를 권합니다. 전자매체, 핸드폰, 컴퓨터가 아니라 종이로 된 책을 손으로 만지고 느끼게 하면서 즐거운 경험을 쌓게 도와주세요.

전자책이 있지만 아이들이 웹 검색 등 다른 유혹에 노출되기 쉬우니 책 읽는 습관이 생기기 전까지는 종이책을 권하고 싶습니다. 처음에는 그림책, 심지어 만화책으로 시작해도 좋습니다. 만화책으로 시작해서 점차 글이 많은 책 종류로 옮겨가면 됩니다. 소설, 수필, 지식 서적 등 아이들이 좋아하는 스타일의 글로 시작해서 다양한 종류의 독서로 발전하는 것이지요.

아이에게 책을 선택하게 하고 얼마나 빨리 읽었는지 게임처럼 진행하는 것도 좋은 방법입니다. 글을 많이 접하면 글을 읽어 내려가는 속도도 빨라지게 됩니다. 빠른 시간 내에 많은 문제를 풀어야 하는 한국의 입시 상황에서, 글을 빨리 읽는 능력은 직접적인 큰 도움이 됩니다. 읽기 실력과 국어 실력은 어릴 때부터 키워가야 합니다.

수학 이야기로 넘어가겠습니다. 학교 시험성적을 잘 받기 위해서 수학을 공부해야 하는 현재의 교육 실정에서 수학이라는 과목을 좋아하기는 쉽지 않은 것 같습니다. 배워야 하는 필요나 원리를 이해하기보다는 공식을 배우고 외우고, 빠른 시간 내에 문제를 정확하게 풀 수 있도록 기계적으로 문제 풀이를 계속 연습해야 하니까요.

수학을 좋아하기는커녕 수학을 아예 포기해버렸다는 '수포자'의 비율이 고등학교 2학년생 중에 32퍼센트라는 2021년 조사를 보니 제 생각이 현실과 크게 다르지 않은 것 같습니다.

심지어 제가 학생들을 가르쳤거나 현재 가르치고 있는 대학교는 한국에서 명문으로 꼽히는 대학입니다만, 그럼에도 많은 학생들이 수식을 보면 울렁증이 생긴다고 호소합니다. 학생들이 제 강의를 집중해서 잘 따라오다가도, 방정식을 적는 순간 적지 않은 학생들이 긴장하는 모습을 자주 목격합니다.

이런 학생들을 보면서 부모님께 부탁드리고 싶은 점은, 자녀가 한국의 수학 교과를 포기할지언정 숫자나 수리에 대한 흥미까지 잃게 두어서는 안 된다는 점입니다. 아이들 모두가 수리에 능하지는 않습니다. 아이들이 노력한다고 해도 모두 능통하기는 어려울 수도 있습니다. 그렇지만 현대 사회, 그리고 급격하게 바뀔 미래 사회에 적응하려면 숫자와 수리에 대한 공부를 포기하는 것은 너무 위험천만한 일입니다.

요즘 여기저기서 회자되는 비트코인이나 암호화폐, NFT 등의 신종 투자를 한 예로 생각해보겠습니다. 신중한 투자자라면 투자를 했을 때의 기대수익expected return과 투자에 수반되는 위험risks을 각각 계산하고 비교한 후 자신의 상황에 맞게 선택해야만 합니다. 그런데 이러한 계산을 위해서는 아이들이 수학 시간에 배우는 확률을 기본으로 알아야 하는 것이지요.

투자와 관련한 의사결정이 아니더라도 내가 벌어들일 수 있는 소득과 이와 관련된 위험(본인이나 가족이 아파서 근무 시간을 줄여야 하는 경우, 혹은 실직할 확률 등)을 잘 파악하고 있어야, 얼마만큼 소비하고 저축하는 것이 적절한지 감을 잡을 수 있습니다. 숫자와 확률에 대해서 두려워하고 피하려는 아이들은 장래에 기본적인 재무계획조차 제대로 수립하기 어려울 것이라는 의미입니다.

실제로 젊은이들 가운데 '저리 대출'이라고 소개하는 광고의 덫에 걸려서 불어나는 원리금을 감당하지 못하여 어려움을 겪는 사연들이 심심치 않게 보도되고 있습니다. 또 인정하긴 싫지만 한국은 전 세계에서 사기 범죄율이 가장 높은 나라라고 합니다. 번듯한 은행에서 판매하는 금융상품조차도 사기로 기소되는 경우가 있을 정도이니 보통 사람들은 더욱 경각심을 갖고 살아야겠지요. 그런데 내 아이가 숫자나 수식 앞에서 곧바로 울렁증이 생긴다면 앞으로의 인생에 얼마나 어려움이 많겠습니까.

영국의 저명 신문인 〈파이낸셜타임스〉의 칼럼니스트이자 부편집장인 스티븐 부시Stephen Bush는 수리적 능력의 부족과 통계

지식의 미비함은 사람들이 가질 수 있는 직업을 한정시키고, 사회적 계층 상승을 방해하며, 국가적으로는 필요한 인재 풀을 부족하게 만드는 심각한 문제라고 지적했습니다.[49]

학교에서 수학시험 점수가 낮은 것과, 일상에서 수리적인 사고를 하는 것은 같지 않습니다. 수학 점수가 낮다고 해서 반드시 수리적인 사고를 하지 못하는 것은 아닙니다. 아이가 '나는 수학 머리가 없어' '나는 수학을 못 해'와 같이 성급한 결론을 내리지 않도록 부모님들의 격려가 필요합니다.

두려움이 선행학습을 만든다

대학입시는 한국에서 아이를 키우는 거의 모든 부모님들이 등에 지고 있는 커다란 짐입니다. 입시제도가 개편될 때마다, 교육과정이 개편될 때마다 크게 변동이 되는 부분이고, 입시 전문 컨설턴트가 있을 만큼 복잡한 문제입니다.

대학입시의 현장에서 뛰고 있는 교사나 강사, 여러 전문가들의 의견에 더해서 제가 부모님께 속 시원한 해답을 드릴 수는 없습니다. 다만 능력 있는 사회인으로 자녀를 키워낸다는 장기적인 목표를 기준으로 몇 가지 고민을 함께 나누고 싶습니다.

저는 사교육 1번지라는 대치동에서 초등학교, 중고등학교를 모두 다녔습니다. 지금과 비견할 바는 아니겠지만, 제가 어렸을 때도 '어린아이들도 사교육에 시달린다' '사교육이 나라를 망친다'와 같은 문제의식이 팽배했습니다. 지금과 같이 특수목적 고등학교가 많지 않았던 때라, 좋은 학군에 있는 고등학교에 진학하면 대학입시에 유리하다 하여 서초구, 강남구라는 8학군에 위장 전입하는 사례도 많았습니다.

제가 대학입학시험을 치른 1994학년도는 대학수학능력시험(수능시험)이 처음으로 도입된 해였습니다. 저희 학년은 수능시험을 여름과 가을 두 차례나 보았고요, 서울 시내 주요 대학들 대부분이 본고사를 부활해서 본고사도 별도로 준비해야 했습니다. 제가 시험을 봤을 당시 서울대학교는 논술, 영어, 수학, 제2외국어 총 네 과목을 준비해야 했습니다.

그런데 문제는, 어느 누구도 어떻게 준비를 하면 좋을지 속 시원하게 대답할 수 없었다는 점이었습니다. 교육 당국은 대학학력고사가 지나치게 암기 위주로 문제가 설계되었다면서 창의력과 사고력을 평가할 수 있는 문제를 출제한다고 수능을 도입했습니다. 그런데 문제를 연습해볼 수 있는 참고서도 없고, 학교에서 근무하는 선생님들도 어떻게 도와주어야 할지 막막한 건 마찬가지였지요. 더욱이 대학에서 출제한다는 본고사는 1981년도를 마지막으로 13년간 치러지지 않았는데, 대학들이 어떻게 시험 문제를 낼지 아무도 모르는 상황이었습니다.

이런 혼란스러운 시기에 저도 고등학교를 다니며 수능 대비 학원, 본고사 대비 학원 등 여러 학원 강의를 수강하였습니다. 본고사를 준비하며 영어학원을 다녔는데, 이미 먼저 그 학원에 등록해서 다니고 있는 학생들에 비해서 실력 차이가 많이 난다면서 (대입에 성공하기가) '어렵겠다'는 말을 들었던 것으로 기억합니다.

수업 중에도 무슨 소리인지 잘 알아듣기가 어려워서 학원 수업시간 동안 스트레스를 많이 받았던 기억도 납니다. 결국 한 달 정도 다니다가 그만두었지요.

지금의 교육 현황을 제가 자라던 시절의 경험과 직접 비교하기는 무리가 있습니다만, 부모님과 아이들이 처한 문제의 본질은 동일한 것 같습니다. 대학입시, 학업성적 등과 같이 부모님들이 자녀 교육과 관련해서 중요하게 생각하는 목표가 있는데, 정규교육과정이나 교육기관으로부터 이에 대한 정확한 정보나 내 아이에게 필요한 믿을 만한 조언을 받기 어려운 상황이지요. 이러한 간격의 틈에 학원, 컨설턴트 등과 같은 사교육이 파고드는 것입니다.

물론 공교육에서 부족한 점을 메워준다는 측면에서 사교육이 기여하는 바는 분명히 있습니다. 다만 사교육은 영리를 목적으로 하는 산업이기 때문에 불필요하게 부모님의 불안을 부추기거나, 아이들에게 공부를 억지로 강제하여 자발적으로 공부하려는 동기나 공부에 대한 흥미를 빼앗는 문제도 발생할 수 있습니다.

제가 부모님들께 우선 말씀 드리고 싶은 것은 사교육을 받는 목적이 내 아이의 부족한 점을 돕는 데 있지, 사교육 기관에서 인정받는 것이 아니란 점입니다. 학원을 열심히 다니는 것 자체가 목적이 될 수는 없지요.

> 제가 부모님들께 우선 말씀 드리고 싶은 것은 사교육을 받는 목적이 내 아이의 부족한 점을 돕는 데 있지, 사교육 기관에서 인정받는 것이 아니란 점입니다.

물론 학원을 열심히 다니면서 실력이 좋아지는 경우도 있습니다만, 설령 그렇지 않더라도 아이를 다그치지 않아야 합니다. 만약 아이가 학원을 가기 싫어한다면 공부하는 데 흥미가 없어서 그런 것인지, 아이와 학원 분위기가 잘 맞지 않는 것인지, 혹시 교사나 학원 친구와의 관계가 어려워서인지 잘 알아보셔야 합니다.

　만약 내 아이가 스트레스에 취약하다면 아무리 유명하다고 하더라도 경쟁과 위압적인 분위기를 주는 학원에서 편안하게 학습하기가 어려울 것입니다. 오히려 차분하게 아이의 불안을 달래주면서 천천히 과제를 풀어주는 편안한 분위기의 학원이나 개인지도가 더 나을 수 있습니다.

　다음으로 부모님들께 '두려움에 휩쓸리지 말라'고 부탁드리고 싶습니다. 자녀의 교육을 위해서 학원을 방문하다 보면 '이미 다른 아이들은 선행학습을 많이 한다'는 식의 이야기를 종종 듣게 될 것입니다. 제가 대학에서 만나는 학생들도 어릴 때 영어유치원을 다니고, 각종 학원에서 선행학습을 한 친구들이 많습니다. 그런데 이 학생들의 영어 실력이나 수학 실력이 특출나게 뛰어나다고 보긴 어렵습니다. 왜 그럴까요?

　영어 단어만 많이 외운다고 영어를 잘 하는 것이 아닙니다. 무엇을 말해야 할지 생각이 잘 정리가 되어 있어야 영어로든 한국어로든 표현을 할 수 있으니까요. 즉 아이들이 책도 많이 읽고 대화도 나누고 토론도 하면서 자신의 생각에 오류가 있는지 점검하고, 이후엔 생각을 날카롭게 정립할 수 있어야 합니다. 그런데 이런 정립의 과정을 건너뛰고 특정 학습만 시키면 어떻게 될까요?

이해할 수 없으니 외워야 하고, 외우는 것에는 한계가 있으니 결국 성장이 더디게 됩니다. 흥미도 잃게 되지요.

수학도 마찬가지입니다. 한 단계 한 단계 시간을 두고 익혀나가야 하는데, 아이들이 충분히 이해하고 배울 수 없는 속도로 진도를 나가게 되면 결국 문제를 푸는 방법만 외우는 데 그치게 됩니다.

본 시험에서 잘 할 수 없다면 고3 때 배울 수학을 중3 때 다 배우는 것이 무슨 의미가 있겠습니까? 진도를 빨리 나가는 데 관심을 두기보다는 아이가 배운 내용을 잘 이해하고 있는지, 혹시 중간에 이해가 되지 않아서 어려움을 겪는 부분은 없는지 확실히 짚고 넘어가는 것이 더 중요합니다.

장래를 좌우하는 문이과 선택

특목고를 준비하는 학생의 경우 고등학교를 선택하면서 문과를 갈지, 이과를 갈지 자동으로 결정하게 되지만, 일반계 고등학교에 진학하게 되면 고등학교 1학년 말에 문과로 갈지, 이과로 갈지를 선택하게 됩니다. 거의 대부분의 경우에는 어느 쪽이 대학입시에 더 용이할지와 아이의 적성이 어디에 더 맞는지를 고민하고 선택하게 됩니다.

그런데 제가 말씀드리고 싶은 경우는 문과와 이과 중 무엇을 선택해도 크게 문제가 없는 학생의 경우입니다. 이 경우에는 아이들과 논의하여 이과를 선택하는 쪽을 진지하게 고려해보시라고 말씀드리고 싶습니다. 아이가 문과 혹은 이과에 대한 흥미가 크게 한쪽으로 기울지 않는 경우라면 결국 어느 길을 가든지 크게 어려움을 겪지는 않는다는 것이지요. 이 경우 제가 이과를 권하는 이유는 두 가지입니다.

첫째는 교과 내용입니다. 우리나라 수학 교과과정만큼 정부의 영향을 많이 받는 과목은 없을 것 같습니다. 대략 차이가 있기는 하지만 전반적인 방향은 고교 수학 필수과정, 즉 문과생들이 주로 배우는 과정에서 점점 더 많은 학습 내용이 빠지고 있다는 것입니다. 즉 오락가락하는 교육정책 속에서 이과에 비해서 문과를 선택한 학생들이 수학 능력 향상이라는 측면에서 피해를 더 많이 보고 있는 실정입니다.

이런 배경을 고려할 때, 최근 대학입시에서 문이과 교차지원이 본격적으로 가능해짐에 따라 이과 학생들이 문과 상위권 학과에서 두각을 나타내는 것은 너무나도 당연한 일입니다.

더 심각한 문제는, 현재 한국의 수학 교육과정에서 배우는 수학의 범위나 깊이가 우리 아이들이 경쟁하게 될 선진국, 한국을 치고 올라오는 중국 등 경쟁국가에 비해서 부족하다는 점입니다. 〈표4-2〉는 미국, 일본, 영국, 싱가포르, 호주 등 선진국과 중국의

〈그림4-1〉 고교 수학 필수과정 변천사

(필수과정은 문·이과 공통)

출처: 〈한국경제〉 'AI 수학 글로벌 열풍 부는데… 한국은 고교 과정서 아예 삭제'(2019. 10. 06)

〈표4-2〉 주요국 고교 수학 교과서 비교

	행렬	미분방정식	공간 벡터	복소수의 극좌표	상관관계와 회귀분석
미국	O	O	×	O	O
중국	O	×	O	O	O
일본	×	×	O	O	×
영국	O	O	O	O	O
싱가포르	O	O	O	O	O
호주	O	O	O	O	O
한국	×	×	×	×	×

출처: 대한수학회, 대한수학교육학회

고교 수학 교과서 내용을 한국과 비교한 것입니다. 수학을 쉽게 가르친다는 미국뿐만 아니라, 비교 국가 중 어느 나라도 한국만큼 수학 교과서의 내용이 부실한 국가는 없습니다.

행렬, 미분방정식, 벡터, 상관관계와 회귀분석을 몰라도 성인이 되어서 사회생활을 할 수는 있습니다. 그런데 우리 아이들이 살아갈 미래 세상에서는 인공지능보다 뛰어난 직관과 데이터 이용 능력이 필수일 텐데, 이를 위한 기초 실력으로 행렬, 미분방정식, 벡터, 상관관계와 회귀분석을 배워야 합니다.

특히 상관관계와 회귀분석은 확률, 통계를 제대로 실생활에 활용하기 위해서 반드시 알아야 할 내용입니다. 이 내용을 잘 모르고는, 신문이나 방송에 나오는 이른바 전문가들이 주장하는 내용을 올바르게 분별해서 정보를 파악할 수 없습니다. 그런데도 이런 내용이 필수 교과과정에서 모두 누락되었다는 사실이 충격적입니다.

일부 부모님은 한국의 아이들 모두가 같은 문제를 겪고 있으니 괜찮다고 생각하실 수도 있겠지요. 한국 아이들 모두가 이른바 '쉬운 수학 교과'를 배우는 것이 정말로 문제가 없을까요? 아닙니다.

앞서 말씀드렸듯이 지금은 해외투자뿐만 아니라 원격근무 기술을 이용해서 자국민이 아닌 외국인 근로자를 구하기가 점점 더 쉬운 세상이 되고 있습니다. 한국의 근로자들이 수리적 능력이나 기초 실력이 떨어진다면 한국에 있는 회사라도 원격근무가 가능한 인도와 중국에 사는 프로그래머들을 고용하겠지요. 임금과 근로조건이 좋은 R&D 직종을 모아서 아예 인도와 중국에 회사를 설립할지도 모르겠습니다.

결국 내 아이의 일자리가 위협을 받게 되지요. 부모님의 입장에서 절대로 가볍게 생각해서는 안 되는 문제입니다.

두 번째는 대학교 진학과 더불어 전공 선택과 관련한 이유입니다. 문이과 교차지원이 가능해지더라도 문과 학생들이 대학에서 이과 전공을 선택하기는 어렵습니다. 대학을 들어가서 복수전공이나 부전공을 선택할 때도 컴퓨터공학이나 통계와 같이 인기 있는 전공을 선택하기도 현실적으로 쉽지 않습니다. 이미 고등학교 2년 동안 수학, 과학을 심도 있게 배운 친구들과 대학에서 학점을 두고 경쟁을 해야 하니까요.

고등학교 2년 정도의 격차는 노력으로 메울 수도 있겠지만, 심리적인 부담도 무시할 수 없습니다. 고등학교 때까지야 인터넷 강좌, 학원, 과외 등 다양한 서비스가 있어서 어떻게든 부족한 점을 스스로 메우며 외부 도움을 받을 수도 있습니다. 하지만 대학에 들어와서 필수지식이 부족한 상황이라면 누구에게 추가적인 지도를 받기도 어렵습니다. 결국 고등학교 때 내린 선택으로 너무 많은 장래의 가능성이 닫혀버릴 위험이 있지요.

전공을 선택할 때 고려할 점

젊은이들의 구직에 있어서 대학 전공의 역할은 막대합니다. 그렇지만 부모님들께서 아이들과 막상 대학입시를 준비할 때는 아무래도 학교 이름을 우선해서 생각하게 되는 것이 현실입니다.

대학 전공이 얼마나 중요한지 설명하기 위해서 제가 직접 연구한 데이터 분석 결과를 먼저 말씀드리겠습니다. 하얼빈공과대학교 감지혜 교수님과 저는 2005년부터 2013년까지 한국의 4년제 대학교를 졸업한 졸업생들 중에서 어떤 사람들이 취업에 성공하여 정규직 직장을 잡았는지, 취업을 했다면 월급이 얼마인지 개인별 데이터(이른바 빅데이터)를 분석하였습니다. 이 데이터는 대졸자 직업이동 경로조사Graduates Occupational Mobility Survey: GOMS라고 불리는 정부승인통계로, 한국고용정보원이 한국 대학 졸업자의 4퍼센트를 서베이한 방대한 데이터입니다.[50]

저희는 개인의 성별, 대학입학 연도, 거주지 등 구직과 임금에 영향을 미칠 수 있는 다양한 특성들을 회귀분석을 통해서 반영하고, 이후 대학 전공이 구직 결과에 얼마만큼 영향을 미쳤는지 계산하였습니다.

저희가 분석한 구직 결과는 대학 졸업 후 2년을 기준으로 취업에 성공했는지(취업률), 취업을 했다면 정규직에 취업했는지(정규직 취업률), 그리고 월평균 임금이 얼마인지 총 세 가지입니다. 이 세 가지 측면 모두에서 공과대학 졸업생이 다른 모든 단과대학 졸업생을 압도하였습니다. 공대생에 비하여 같은 조건의 인문대 졸업생의 취업률은 7.6퍼센트포인트가 낮고, 취업에 성공했다 하더라도 정규직 취업률은 14.6퍼센트포인트가 낮습니다.

취업생을 기준으로 할 때 공과대학 졸업생에 비해서 월평균 임금은 18퍼센트 이상 낮습니다. 사회대, 사범대, 자연대, 예술/체육대학 역시 공과대학에 비해서 졸업생의 구직 결과 측면에서 미흡한 성과를 보이고 있습니다. 다만 의과/보건대 졸업생의 경우만 취업률과 월평균 임금에서 공과대학 졸업생에 비해 좋은 성과를 보일 뿐입니다.

이 글을 읽으시는 부모님들께 전공별 구직 결과를 알려드리는 이유는 고등학교 때 문이과 선택이 그만큼 중요한 함의를 가진다는 말씀을 드리고 싶기 때문입니다. 공과대학, 자연대학, 의과/보건대학은 고등학교 때 이과를 선택한 학생들이 주로 진학하고, 인문대, 사회대, 예술/체육대학은 고등학교 때 문과를 선택한 학생들이 주로 진학합니다. 결국 평균적으로 보면 고등학교 이과 졸업생이 문과 졸업생에 비해서 구직 결과가 더 좋고 임금 수준도 높다는 것을 바로 알 수 있습니다.

한 가지 더 첨언하자면 딸을 두신 부모님들께 특히 주의를 부탁

딸을 두신 부모님들께서는 고등학교 문이과 선택에서부터 '여자니까 문과를 선택한다'가 아니라 정말로 문과가 좋은지, 아니면 이과에도 갈 수 있는지 여부를 충분히 고민한 뒤 진로를 선택하셨으면 좋겠습니다.

드립니다. 제 연구 결과, 전체 대졸 남학생 중에서 구직에 상대적으로 유리한 공과대학 졸업생의 비율이 39퍼센트에 이르지만, 여학생들은 공대 비중이 10퍼센트에 불과합니다. 반면, 취업에 특히 불리한 인문대와 예술/체육대학에서 여성의 비중은 32퍼센트에 달하지만, 남학생의 경우 약 절반인 16퍼센트에 불과합니다.

딸을 두신 부모님들께서는 고등학교 문이과 선택에서부터 '여자니까 문과를 선택한다'가 아니라 정말로 문과가 좋은지, 아니면 이과에도 갈 수 있는지 여부를 충분히 고민한 뒤 진로를 선택하셨으면 좋겠습니다.

물론 이과 선택이 절대적인 답이란 뜻은 아닙니다. 문과와 이과에서 모두 좋은 결과를 내는 학생의 경우에 이과를 추천하는 것이지, 모든 학생이 이과를 갈 필요는 없습니다. 임금 수준이나 취업률보다, 그 무엇보다 가장 먼저 고려해야 하는 것은 아이의 적성과 취향이니까요.

적극적 네트워킹이 필요한 시기

요즘은 신입사원 채용의 기회가 많지 않고, 그나마도 공채의 문이 점점 좁아지고 있어서 대학교 4년을 마치고 바로 취업하기가 쉽지 않습니다. 실제로 많은 대학생들이 인턴 기회를 찾거나, 취업이 여의치 않아서 휴학을 하기 때문에 6년씩 대학교를 다니는 경우도 많더군요.

학부 과정을 오래 다닌다고 해서 취업의 가능성 즉 확률이 오르는 것은 아닙니다. 취업이 잘 되는 특정 학과들을 제외하고는 학부 전공이 취업에 직결되지도 않습니다. 더욱이 학과에서는 대부분 교수의 수에 비해 재적 학생의 수가 많기 때문에 교수님들이 학생 하나하나에 관심을 가지고 챙기기도 어려운 실정입니다.

이런 상황에서 대학교를 1년 더 다닌다고 하더라도 평범한 학생의 경우에는 상황을 전환시킬 만큼 새로운 배움이나 경험을 갖기가 어렵지요. 이러한 문제에 대한 돌파구로서 대학원 과정에 진학하는 경우가 있습니다. 취업의 가능성을 높인다는 관점에서 국내 혹은 해외 대학의 석사 과정에 들어가는 것에 대해서 살펴보겠습니다.

국내 대학의 석사 과정에 진학하여 교수님들과 적극적으로 네트워킹을 한다면 취업의 측면에서 도움을 많이 받을 수도 있습니다. 학부생의 경우 아무래도 교수님들과 긴밀히 네트워킹하며 관심을 얻기가 쉬운 일이 아니지만, 석사 과정 학생의 경우 수업조교, 연구조교, 프로젝트 참여 등의 기회를 갖기가 비교적 수월하기 때문에 교수님들과의 네트워킹이 가능합니다.

따라서 취업과 관련해서 확실한 도움을 얻고 싶다면 본인이 원하는 진로와 경력에 도움을 줄 수 있는 교수님이 누구인지 미리 파악하고, 그런 교수님들이 많은 학과에 석사로 진학하는 것이 중요합니다. 특히 대학입시에서 본인이 원하던 전공학과에 진학하지 못한 경우는 학부 때 원하는 전공을 복수전공 혹은 부전공의 방식으로 공부하며, 더불어 석사 과정에 진학하는 것도 도움이 됩니다.

입학 지원 이전부터 '어떤 교수님들과 같이 일을 하겠다, 어떤 수업을 듣겠다, 무슨 진로로 구직활동을 하겠다'와 같은 구체적인 생각이 있다면, 신입생 첫 학기부터 해당 교수님의 수업을 들으면서 진로 상담도 요청하는 등 적극적인 모습을 보이는 것이 중요합니다. 그러한 적극성과 성실성을 보이면 해당 교수님의 조교로서 일하게 될 가능성이 높아지니까요.

실제로 교수님 밑에서 일을 배우고, 교수님의 네트워크를 이용해서 외부 기업에 인턴 기회를 얻는 경우도 종종 있습니다. 교수님과 긴밀하게 교류하면서 일과 연구를 배우면 석사 논문도 자연스럽게 빨리 완성할 수도 있지요.

　반면, 입학 전부터 어떤 교수님께 배우고 싶은지, 어떤 주제에 관심이 있는지, 어떤 업종에 취업을 할 것인지를 미리 잘 설정하지 못하고, 학부 때와 다를 바 없는 생활을 하게 되면 2년 동안 석사 논문을 쓰고 졸업하는 것도 어렵습니다. 석사 논문도 본인의 경력 개발에 크게 도움이 되지 않을 가능성이 높고, 당연히 지도교수님도 학생에 대해서 잘 모르거나 좋지 않은 인상을 받을 가능성이 크지요. 결국 취업에 있어서도 그다지 득이 되지 않는다는 얘기입니다.

　대학생 자녀를 두신 부모님들은 대학원 진학 여부를 자녀와 함께 한 번쯤은 고민해보시면 좋을 것 같습니다. 여기서 중요한 점은 '대학교'나 '학과명'보다 어떤 교수님이 내 아이를 멘토로서 잘 지도해주시고 취업까지 뒷바라지해줄 수 있을지 파악하는 것입니다.

　한국의 모든 대학교 웹사이트에는 재직 교수들의 이력서 혹은 프로필이 나와 있습니다. 또 많은 교수님들이 개인 홈페이지를 운영하면서 본인의 연구와 학생들, 연구실 활동에 대해서도 소개하고요. 이런 홈페이지를 방문하시면서 어느 교수님, 어느 연구실에 들어가면 자녀가 소속감을 가지고 학부 때보다 더 많이 성장할 수 있을지 생각해보는 것도 좋은 방법입니다. 학생들이 기고

하는 게시판이나 선후배 네트워크를 통해서 분위기를 미리 파악하시면 좋겠습니다.

이런 세심한 준비과정을 거쳐서 석사 과정에 진학했음에도 본인의 기대와 사뭇 다를 수도 있습니다. 우리는 신이 아니니까요. 이런 경우는 당연히 최선의 경우는 아니지만, 그렇다고 꼭 문제가 되는 것도 아닙니다. 단지 기대와 달라서 실망한 마음에, 관심도 없는데 억지로 석사학위를 따기 위해 논문을 쓰려고 애쓰지는 마세요.

석사 과정 수료, 혹은 수료와 상관없이 구직활동을 하는 방법도 있습니다. 다만 이 경우에도 추가적으로 본인에게 도움이 되는 타전공 교수님의 수업을 듣고 교수님과 네트워킹하는 기회로 석사 과정을 이용하시면 좋겠습니다. 그렇지 않으면 석사 과정을 다니더라도 학부 졸업생과 취업 기회의 측면에서 별 차이가 나지 않게 됩니다.

석사 과정을 통해서 최대한의 효과를 얻기 위해서는 내 아이가 성실하게 수업을 듣고 학점을 잘 받는 것만이 전부가 아닙니다. 교수님들의 상담 시간에 아이가 찾아가서 교수님께 상담을 받는지, 수업시간에 질문은 잘 하는지, 학생회 활동이나 학과 활동을 통해서 리더십을 연습하는 기회를 잘 활용하는지, 연구실 팀원들과 원만하게 잘 지내는지 등에 대해서도 관심을 가져야 합니다.

일반적인 한국 교수님들이라면 자신이 지도한 학생이 취직을 잘 하도록 도와주고 싶어 하기 때문에 학생들이 먼저 적극적으로 연락하고 질문하면서 도움을 요청하면 대부분 관심을 가지고 도움을 주고자 할 것입니다. 소극적인 학생들의 경우, 교수님의 관심을 받지 못하고 학부 때와 별 다를 바 없는 생활로 끝날 가능성이 높습니다.

한국에서는 소극적인 것을 성격으로 치부하는 경우가 종종 있는데요, 이는 이치에 맞지 않습니다. 유명한 배우들 중에서도 내성적이고 조용한 경우가 종종 있지만 이들이 연기를 할 때는 본인의 평소 모습과 상관없이 그 역할에 맞는 태도를 멋지게 보여주지요. 교통사고로 사람이 다쳐 죽어가고 있으면 당장 차를 세우고 큰소리로 도움을 요청해야 하지 않겠습니까? 이런 상황에서 '나는 내성적이야, 소극적인 성격이야, 큰소리를 내지르는 것은 내 방식이 아니야' 이렇게 말하는 것이 이치에 맞을까요?

자녀에게 있어서 첫 직장을 구하는 일은 인생에서 어쩌면 가장 중요하고 어려운 도전이기도 합니다. 이에 맞서기 위해서는 누구보다도 본인이 가장 최선을 다하고 적극적으로 실행해야 한다는 사실을 자녀에게 강조해주시기 바랍니다.

해외 대학의 석사 과정

한국인들이 해외 대학 석사 과정을 고려할 때는 미국, 캐나다, 영국, 호주 등 영미권 학교들을 많이 고려할 것입니다. 영미권 학교의 석사 과정은 우리나라 석사 과정과 달리 박사 과정으로 이어지지 않는 별도의 과정으로 운영됩니다.

예를 들어서 미국 명문대로 잘 알려진 듀크대학교 경제학과에서는 경제학 석사 과정을 운영하는데, 이 과정은 우리가 일반적으로 아는 경제학 박사 과정, 즉 경제학 박사를 취득할 수 있는 석사-박사(석박) 통합과정과는 별개의 과정입니다. 듀크대학교 경제학 석사 과정을 마쳤다고 하더라도 듀크대 석-박사 통합과정에 자동으로 합격되는 것이 아니며, 오히려 듀크대학교 석사학위를 가지고 다시 미국 내 대학의 경제학 석-박사 통합 과정에 지원을 하는 것이지요.

이런 영미권의 석사 과정은 석박사 통합과정과는 달리 정규 교원, 즉 해당 학과의 교수가 아니라 비전임 교원(초빙강사, 특임교수 등)이 가르치는 경우가 종종 있습니다. 따라서 박사 과정을 염두에 두고 석사 과정에 입학하려고 한다면 주어진 수업 과정을 면밀히 관찰하고 전임교원의 수업을 별도로 수강할 수 있는지 등을 검토해야 합니다.

해외 대학의 석사학위를 최종 학위 목표로 두고 이후 취업을 하려는 경우라면 전임교원과의 네트워크에 상대적으로 관심을 덜 쓰셔도 됩니다. 다만 해외 석사 과정은 학비나 생활비 측면에서 국내 대학과는 비교할 수 없을 만큼 많은 비용이 발생하고, 장학금이나 조교로 일할 수 있는 기회도 많지 않습니다.

따라서 2년이라는 시간과 상당한 재정적인 부담을 감수하고라도 학위를 마치면 확실하게 기회가 생기는지를 면밀하게 검토해야 합니다. 취업을 하려는 국가에서 석사학위를 따려는 학교가 잘 알려져 있지 않다든지, 해당 프로그램이 설립된 지 얼마 되지 않아서 졸업생이 어떤 행보를 걷는지 등의 정보가 충분하지 않다면 위험부담이 더 커지게 되겠지요.

취업과 관련해서 해외 석사학위 졸업장의 역할은 그 졸업장이 있음으로 인하여 내 실력이 높다는 것을 많은 사람들이 알 수 있게 하는 데 있습니다. 그런데 졸업장을 발급하는 학교 자체가 유명하지 않다거나, 해당 학위가 어떠한 학위인지 잘 모르는 경우에는 내 실력을 제대로 보여주는 게 어려우니 취업과 관련해서는 당연히 유용성이 떨어지지요.

MBA의 경우 졸업생의 취업률, 취업 분야, 임금 등 비교적 많은 정보가 잘 공개되어 있습니다. 반면 나머지 석사학위의 경우 이러한 정보들이 잘 공개되어 있지 않습니다. 그럼에도 양질의 교육을 제공하고 졸업생의 취업결과에 자신이 있는 학교나 학과의 경우에는 졸업생 진로가 어떠하다는 정보를 제공합니다. 자세한 정보를 제공하는 학교, 학과일수록 우수할 가능성이 높다고 생각하시면 됩니다.

그리고 한국인 유학생들이 이미 재학하고 있을 가능성이 높으니 학교 홈페이지에서 재학생 리스트를 살펴보고 조언을 구할 수 있는지 사전에 연락을 해보는 것도 좋은 방법입니다.

수저계급론과 차별

대학입시에서도, 취업에서도 부모의 덕을 보는 사람들이 분명 있습니다. 자리의 수는 정해져 있고, 부모의 경제력이나 각종 연줄로 치고 들어오는 사람이 있으면 그 때문에 억울하게 낙방의 고배를 마시는 사람이 생기기 마련입니다. 이른바 '흙수저' 논란입니다. 안타까운 일이고, 가슴 아픈 일입니다.

한국이 공정하고 투명한 과정을 통해서 결과가 결정되는 것이 아니라, 정실에 의해서 결정되는 찜찜한 사회가 되어가는 것에 저도 한국 사회의 일원으로서 막중한 책임감을 느끼고 있습니다. 이런 찜찜하고 떳떳하지 못한 상황에서 아이들에게 최선을 다하라고 말하기가 주저됩니다.

그렇지만 부모 탓만 하고, 사회 탓만 한다고 해서 달라지는 것은 아무것도 없습니다. 오히려 그 분노의 에너지를 자신이 할 수 있는 최선을 다하는 데 쏟으라고 말하고 싶습니다.

학력고사나 정시 위주의 대학입시 전형에서 수시 위주의 대학입시로 개편되면서 다양한 방법으로 대학에 입학할 수 있는 길이 열렸습니다. 하지만 다양한 입학 방법의 도입이, 장애인이나 정말 문제는 무엇일까요? 만약 내 아이가 무력감에 세상을 원망하고 분노하면서 긍정적인 노력을 기울이지 않을 때입니다. 부모 덕으로 학교에 들어간 아이들보다도 실력이 없는 어른이 될 수 있습니다.

가정형편이 어려운 학생 등 다양한 배경의 학생들에게도 좋은 대학에 합격할 수 있는 기회를 제공하겠다는 원래의 취지와 다르게 흘러가는 모양새를 만드는 경우가 생겼습니다.

다양한 입학 전형방법을 파악하고 전략을 세울 수 있는 입시 컨설턴트를 고용할 수 있는 경제력 있는 집안의 아이들이나, 자녀에게 유리한 스펙을 만들어줄 수 있는 사회적 영향력을 가진 부모 때문에 그 자녀들에게 유리하게 운용되어 온 것도 사실입니다. 이런 이유로 대학입시에서 본인이 원하는 결과를 거두지 못한 아이들은 깊은 좌절감과 무력감, 분노를 느낄 수도 있습니다.

그런데 세상은 어느 정도 공평한 부분이 있더군요. 직원을 채용할 때나 팀원을 뽑을 때, 사람들은 부모 덕으로 좋은 학교를 나온 아이들과, 오로지 자신의 실력과 노력으로 성적이 조금 낮은 학교를 나온 아이들을 분간해냅니다. 본업과 관련한 실력만 좋다면 성적이 다소 낮은 학교를 졸업했다고 하더라도 문제가 되지 않습니다.

정말 문제는 무엇일까요? 만약 내 아이가 무력감에 세상을 원망하고 분노하면서 긍정적인 노력을 기울이지 않을 때입니다. 부모 덕으로 학교에 들어간 아이들보다도 실력이 없는 어른이 될 수 있습니다. 유사 이래 어떤 사회도 완벽히 공명정대한 사회는 없었습니다. 지금 내가 사는 세상이 공명정대하지 않다고 좌절하거나 불평하지 말고, 자녀가 어른이 되었을 때, 그리고 자녀가 결정을 내릴 수 있는 자리에 올라갔을 때는 보다 좋은 사회, 보다 공정한 사회가 되도록 노력하는 것이 중요합니다.

자녀가 대학에 들어가 경제력 격차가 큰 집안의 아이들이 편안하게 학교를 다니는 것을 보고 주눅이 들어 한다면 이렇게 위로해주세요. "그런 애들은 부모의 도움으로 학교에 갔는데, 너는 네 실력으로 같은 학교에 들어갔으니 네가 더 실력이 좋은 거야. 너는 당당하게 고개를 들고 자랑스럽게 생각해야 해"라고 말이지요.

차별에 대해서도 이야기하고 싶습니다. 경제학에서는 차별discrimination을 '궁극적인 목표와 상관없는 특징에 따라서 처우를 달리하는 경우'로 정의합니다. 예를 들어서, 기업이 코딩 실력이 있는 사람을 채용하는 것이 궁극적인 목표라고 한다면, 코딩 실력이 동일한 지원자들은 나이, 성별, 인종, 학벌과 상관없이 똑같이 합격을 하거나 탈락해야 합니다. 그런데 코딩 실력이 동일하더라도 A대 출신은 합격하고, B대 출신은 탈락한다면 학벌에 의한 차별이 발생한다고 설명합니다.

경제학은 차별을 두 종류로 구분합니다. 한 가지는 '선호에 의

한 차별taste-based discrimination'이고, 다른 하나는 '통계적 차별statistical discrimination'입니다. '선호에 의한 차별'이란 합리적인 이유 없이 특정 지원자들을 싫어하는 것을 말합니다. 이유는 없고 '그냥 내 마음에 안 든다'라는 것이지요.

만약 이런 비합리적인 차별을 하면서 기업을 운영한다면 시장 경제에서 그 기업은 도태되기 마련입니다. 능력과 관계없이 인사 담당자나 회장이 마음 내키는 대로 사람을 채용하는데 어떻게 경쟁력을 갖출 수 있겠습니까? 만약 구직 과정에서 '선호에 의한 차별'로 불합격의 고배를 마셨다면 억울해하지 말고 그 불쌍한 기업을 위해서 웃어주면 됩니다.

반면 '통계적인 차별'이란 궁극적인 목표와 상관관계가 있다고 믿는 특징을 기준으로 의사결정을 함으로써 발생합니다. 예를 들어 어떤 회사가 코딩 실력이 좋은 지원자를 뽑고 싶은데, 지원자들의 코딩 실력을 직접 시험해볼 수 있는 여건이 되지 않는 경우를 생각해보시죠.

만약 동일한 전공에, 동일한 학점, 동일한 수업 과목을 수강한 두 명이 이 회사에 입사 지원을 했다고 합시다. 이중 한 명은 A라는 대학 출신이고, 다른 한 명은 이보다 입학 점수가 좀 낮은 B라는 대학 출신이라고 하죠. 회사 입장에서는 다른 조건이 모두 동일한데 A라는 대학이 B라는 대학보다 입학 점수가 조금 더 높으니 A대학 출신 지원자가 코딩 실력도 좀 더 낫지 않을까, 하고 예상을 할 수도 있습니다. 이런 예상 때문에 A대학 출신을 B대학 출신 대신 선택한다면 이를 '통계적인 차별'이라고 합니다.

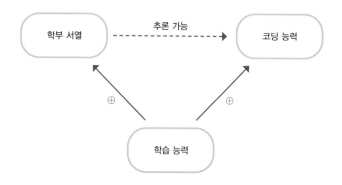

〈그림 4-2〉 통계적 차별 개념도

학부 서열 - - - - - 추론 가능 - - - - → 코딩 능력

⊕ 학습 능력 ⊕

회사의 입장에서는 코딩만 잘 한다면 A대학이든 B대학이든 아무 상관이 없지만, 지원자가 얼마나 코딩을 잘 하는지 직접 관찰을 할 수 없는 상황이니까요. 〈그림 4-2〉에서 보듯이 만약 학습 능력과 코딩 능력 사이에 양의 상관관계가 있고, 학습 능력과 학부 서열 간에 양의 상관관계가 있다면, 코딩 능력과 학부 서열 간에도 양의 상관관계가 있다고 추론할 수 있습니다. 따라서 학부 서열이 높다면 코딩 능력이 좋을 가능성이 높다는 추론이 가능하게 되는 것이지요.

만약 통계적인 차별 때문에 내 아이가 차별을 받고 있다면 부모님들께서는 아이들과 함께 해결 전략을 모색하시길 바랍니다. 물론 학부의 학벌을 바꾸기는 쉽지 않고, 성별이나 인종을 바꾸는 것도 거의 불가능합니다. 하지만 만약 내 아이가 겪는 차별이 통계적인 차별 때문이라면 구인을 하는 회사가 원하는 정보를 직접 신빙성 있게 전달할 수 있으면 문제는 사라지게 됩니다.

코딩 이야기로 돌아가 예를 들어보겠습니다. 앞의 예에서 이 회사가 A학교 출신의 지원자를 B학교 출신 지원자 대신 선택한 이유는, 전자가 코딩 능력이 좋을 확률이 높을 것 같다는 추론 때문입니다. 이 경우에는 만약 B학교 출신 지원자가 국내 학벌과는 아무 상관이 없는 세계 코딩대회에서 입상을 한 경력이 있다면 그 경력을 입사 지원할 때 제출하여 본인의 실력을 객관적으로 회사에 알릴 수 있습니다. 이러면 회사 입장에서는 당연히 입상 실적이 있는 B학교 출신 지원자를 선택하게 될 것입니다.

경우에 따라서는 코딩과 달리 객관적으로 실력을 입증할 방법이 별로 없을 수도 있습니다. 이럴 때 중요한 것이 아이의 전문성을 증명해줄 수 있는 추천인, 멘토, 신원 보증인입니다. 외국계 회사에서 사람을 뽑을 때나 경력직 직원을 뽑을 경우에는 많은 경우 지원자들에게 본인의 전문성, 인성에 대해서 사실대로 평가해줄 수 있는 사람들 몇 명을 입사지원서에 적어내도록 합니다. 마치 외국대학에 유학 지원을 하려면 교수님들께 추천서를 받아야 하는 것처럼요.

만약 이런 평가를 해줄 수 있는 사람이 관련 분야에서 실력을 인정받는 분이거나, 또 이분이 내 아이를 오랜 시간 동안 잘 관찰할 수 있는 관계였거나, 그리고 무엇보다도 이분이 긍정적으로 평가해준 지원자들이 실제로 그 회사에서 일을 잘 하고 인정받는 경우에는 크게 도움을 받을 수 있습니다.

자녀가 대학에 만족하지 못한다면?

한국의 대학생 중에는 본인이 다니는 학교에 대해서 만족하지 못하는 경우가 많이 있습니다. 본인이 원했던, 기대했던 대학이 아니라서 그렇겠지요.

그런데 학생 입장에서 아무리 별 볼 일 없는 대학이라고 하더라도, 우리나라 대학에서 근무하는 교수님들의 프로필과 이력서를 보면 이른바 명문대학 학부를 졸업하고 외국 유학을 다녀온 분들이 태반입니다. 이는 지금 다니고 있는 대학이 실망스럽더라도 교수님을 잘 찾아서 지도를 받는다면 교수님의 명문대 네트워크를 이용할 수 있다는 것이지요.

학계에서 존경받고 학생지도에 열정이 많으신 교수님들 가운데에서는 같이 일을 할 만한 학생들을 구하는 데 어려움을 토로하는 분들이 많이 계십니다. 이럴 때 자녀가 열심히 공부하고 교수님 앞에 적극적인 모습을 조금이라도 보인다면 교수님께서 연구에 참여할 기회를 주시는 등 각별히 지도해주실 가능성이 높습니다.

어렵게 외부에서 인턴 자리를 찾지 않아도, 학계에서 알아주는 교수님과의 협업 경험이 훌륭한 이력 사항으로 쌓이게 되는 것이지요. 학부 시절부터 효과적으로 경력을 쌓기 위한 노력을 기울인다면 훨씬 수월하게 구직의 여정을 헤쳐나갈 수 있으리라 생각됩니다.

관련해서 온라인 교육과정에 대한 안내를 드릴까 합니다. 한국의 교육기관들은 따라야 할 규칙이나 정치적인 제약이 많아 아이들에게 원하는 만큼, 필요한 만큼의 서비스나 교육을 제공하지 못할 수도 있습니다. 예를 들어 서울대학교에서 컴퓨터공학을 복수전공이나 부전공을 하려고 하더라도 인원수의 제한이 있어서 모든 사람이 전공할 수가 없습니다.

이처럼 자녀들이 원하는 서비스를 정규 시스템이 제공하지 않는다면 세계적인 온라인 교육서비스로 눈을 돌려보시기 바랍니다. 컴퓨터 코딩 등 비교적 정형화된 과목은 온라인 강좌가 이미 많이 개설되었고 여러모로 정착 단계에 있습니다.

'유데미'나 '코세라' 등의 서비스는 과목당 약 20~30달러(약 2.3만 원~3.6만 원) 정도면 수강이 가능합니다. 수강이 끝나면 증명서도 발급해주고요. edX라는 플랫폼에서는 2019년 노벨경제학상 수상자인 MIT의 에스더 두플로Esther Duflo 교수의 수업도 수강할 수 있습니다.

목표만 정확하게 세운다면 필요한 정보나 교과는 온라인을 활용해 수강할 수 있습니다. 일반적인 성적표 이외에 이렇게 별도로 수강한 수강증을 제출한다면 얼마나 본인이 열심히 준비했는지 상대방에게 객관적으로 증명할 수 있습니다.

다만 한 가지 주의사항도 있습니다. 경우에 따라서 온라인 교육 플랫폼이 미국 대학과 연계해서 학위과정을 온라인으로 진행하는 경우도 있습니다.

예를 들어 '데이터 사이언스' 과정은 대략 2천만 원 정도 소요되어 상당히 비용이 높은 편입니다. 그런데 이렇게 비싼 과정을 이수한다고 하더라도 현실적으로는 정규 교육과정을 졸업한 학생들과 동일하게 평가되지는 않습니다. 단지 필요한 과목을 학습했다는 증명서로 활용될 가능성이 높지요.

이런 측면에서 구직과 직결되는 필수과목 몇 가지를 온라인으로 수강하고, 이를 발판으로 인턴십이나 교수님 소속의 연구조교 등 실질적으로 업무를 경험할 수 있는 기회를 가지시길 추천드립니다. 궁극적으로 구직에 성공하는 데 이러한 과정은 분명 도움이 될 것이라고 생각합니다.

지금까지 긴 글을 읽으시느라 고생하신 부모님들께 감사의 말씀을 드립니다. 세계 어느 나라 부모님들보다 자녀 교육에 열심인 한국의 부모님들께 학교 성적이나 대학입시에 일희일비하기보다는, 아이들이 사회인으로 잘 살아갈 수 있도록 도와주는 교육이 무엇인지 고민해보자는 마음에서 여러 가지 주제에 대해서 말씀을 드려보았습니다.

마지막 에필로그는 부모님들께 '부모님 자신을 잘 돌보시라'는 부탁으로 마무리하려고 합니다.

아이들이 본인의 인생을 잘 헤쳐 나가는 데 전력 질주하려면 우선 자녀들이 부모님들 걱정을 하지 않아야 합니다. 그렇지만 현실은 녹록지 않습니다. 최근 조사에 따르면 2020년을 기준으로 한국인의 기대수명은 83.5세지만, 건강하게 생활할 수 있는 건강수명은 66.3세라고 합니다. 즉 17.2년 동안 건강 문제로 병원 신세를 지거나 자녀들과 가족들의 도움이 필요하게 된다는 것이지요.

한국에서 첫아이를 낳은 여성의 나이가 2021년을 기준으로 33세이니 이 책을 읽는 부모님들이 자녀를 가지셨을 때 나이가 대략 30세라고 가정한다면, 부모님들께서 건강수명인 66세에 도달할 즈음에는 자녀의 나이가 대략 36세가 됩니다. 한국의 임금근로자의 경우 대졸 신입사원 평균나이는 31세[51]이고, 자발적 혹은 비자발적 퇴직은 49세로 조사되었습니다.[52]

이 통계치를 종합해보면, 자녀가 대학을 졸업하고 어렵게 첫 직장을 잡은 지 얼마 되지 않은 시점에서부터 부모님의 건강문제로 신경을 써야 할 가능성이 높고, 자녀가 첫 직장에서 희망퇴직을 하고 자영업 등 새로운 일자리를 알아봐야 하는 스트레스가 높은 시기에 부모님들의 노환도 본격화되어 간병 부담까지 지게 된다는 의미입니다.

결국 자녀가 직장에서 마음껏 능력을 펼치고 새로운 경력을 개척해나가며, 본인들의 결혼 및 자녀양육에 온전히 에너지를 쏟으려면 부모님들께서 마치 고3 학생이 대입 준비를 하는 것처럼 본인의 건강관리에 진지하게 임하셔야 합니다. 자녀들에게 더 좋은 학원에 마음껏 보내지 못해서, 더 좋은 학군의 학교에 보내지 못해서, 혹은 외국에 유학을 보내주지 못해서 미안해하지 마시고, 대신 자녀에게 짐이 되지 않도록 우선 본인의 건강을 잘 챙기길 간곡히 당부드립니다.

또한 부부 간에, 또 가족 간에 화목한 관계를 이루어 가족이 평안한 것이 교육에서 가장 중요합니다. 가정 내에 갈등이 있으면 자녀가 안정감을 느끼기 어렵습니다. 불안은 집중력을 떨어뜨리고 실수를 일으키는 등 자녀에게 직간접적으로 상당한 악영향을 끼칩니다.

비록 가정에 어려움이 있더라도 자녀를 포함한 가족 모두가 머리를 맞대며 의논하고 단합해서 헤쳐 나가는 것이 가장 바람직한 모습입니다. 이런 경험은 어디에서 돈을 주고도 배울 수 없는 값진 경험이라 확신합니다. 주어진 상황에서 좌절하지 말고 한 가지씩 스스로 할 수 있는 일을 충실히 해내는 모습을 보여주면 자녀들도 포기하지 않고 더불어서 잘 자랄 수 있습니다.

부모님들이 불안해하면 자녀들은 더 불안해합니다. 부모님이 불안해하지 않으려면 우선 자녀가 처한 경기의 판을 알아야 합니다. 장기적으로 아이와 더불어 풀어가야 할 문제가 무엇인지, 어떻게 내 아이가 성장하도록 도와야 하는지 고민하고 공부하시길 권유드립니다. 그렇다면 아이가 때때로 어려움을 겪고 낙심하더라도 부모님께서 확신을 가지고 아이를 위로하고 또 지지하며, 다시 노력하자고 달랠 수 있습니다.

'한국에서의 자녀 교육'이라는 어려운 문제에서 저의 이야기가 조금이라도 부모님들께 도움이 된다면 더할 나위 없이 기쁠 것 같습니다. 일터와 가정 모두에서 고군분투하시는 부모님 여러분을 응원합니다. 감사합니다.

1   〈조선일보〉 '오바마의 한국 교육 예찬은 잊어라'(2022. 10. 24)

2   김영선, 《누가 김부장을 죽였나》, 한빛비즈, 2018년.

3   https://www.technologyreview.com/2017/02/07/154141/as-goldman-embraces-automation-even-the-masters-of-the-universe-are-threatened/

4   송길영, 《그냥 하지 말라: 당신의 모든 것이 메시지다》, 북스톤, 2021년.

5   https://www.bbc.com/news/uk-politics-64158179?at_bbc_team=editorial&at_format=link&at_link_type=web_link&at_link_origin=BBC_News&at_campaign=Social_Flow&at_link_id=6C4C5AD0-8BE2-11ED-B520-EF6896E8478F&at_ptr_name=facebook_page&at_medium=social&at_campaign_type=owned&fbclid=IwAR2zNayF9OAvpgCV1gZQ5I7uyAwTFtilQMjng4PNKz8WfMiR_RLSRXW2DFE(2023. 1. 4)

6   〈매일경제〉 '망국병 사교육… 에듀푸어 넘치는 나라'(2023. 3. 7)

7   이덕난, 유지연(2022) '초중고교 사교육비 변화 추이 분석 및 향후 과제' 국회입법조사처, NARS 현안분석, 247호.

8   〈문화일보〉 '덜 먹더라도 사교육에 月 330만 원… 에듀푸어 속출'(2022. 6. 9)

9   통계청, 2020년 청소년 통계.

10 〈동아일보〉 '대졸 신입사원 평균 나이는 30대… IMF 때보다 6세 많아져'(2020. 4. 22)

11 〈서울신문〉 '한·중·일, 교실서 공부만 해 근시대국 돼… 학생들 밖으로 내보내라'(2022. 6. 12)

12 통계청, 2020년 청소년 통계.

13 https://www.technologyreview.kr/heres-how-microsoft-could-use-chatgpt/

14 닉 폴슨, 제임스 스콧, 《수학의 쓸모: 불확실한 미래에서 보통 사람들도 답을 얻는 방법》, 더퀘스트, 2020. "When you hear "AI", don't think of android. Think of an algorithm. An Algorithm is a set of step-by-step instructions so explicit that even something as literal-minded as a

computer can follow them"

15　de Vries, G., E. Gentile, S. Miroudot, and K. M. Wacker(2020), "The rise of robots and the fall of routine jobs," Labour Economics, 66, 101885.

16　〈서울경제〉'국내 서빙로봇 시장 年 50%씩 커지는데… 중국산이 90% 장악'(2022. 5. 31)

17　송길영,《그냥 하지 말라: 당신의 모든 것이 메시지다》, 북스톤, 2021년.

18　Frey, C. B. and M. Osborne(2013), "The future of employment : how susceptible are jobs to computerisation?," Technological forecasting and social change, 114, pp. 254-280.

19　Nedelkoska, L., and G. Quintini(2018), "Automation, skills use and training," OECD Social, Employment and Migration Working Papers, No. 202.

20　김건우, 〈인공지능에 의한 일자리 위험 진단〉, LG경제연구원, 2018; 김세움, 〈기술진보에 따른 노동시장 변화와 대응〉, 한국노동연구원, 2015.

21　Manyika, J.(2017), "A future that works: automation, employment, and productivity," McKinsey Global Institute.

22　World Economic Forum, Insight Report, "The Future of Jobs Report 2018."

23　민정훈, 〈바이든 행정부의 인도-태평양 전략과 한국에의 함의〉, IFRAMSFOCUS, IF2002-05K, 국립외교원 외교안보연구소, 2022.

24　〈서울경제〉'점점 빨라지는 고갈시계… 공무원연금에만 올 4조 예산 투입'(2022. 2. 4)

25　Kawaguchi, D., and T. Toriyabe(2022), "Measurements of skill and skill-use using PIAAC," Labour Economics, 78, 102197.

26　〈한겨레21〉 1089호 '정권 바뀌니 고졸 명장의 산실도 술렁'(2015. 12. 2)

27　부록표 참조. https://www.newyorkfed.org/research/college-labor-market/index.html#/outcomes-by-major

28　Britton, J., L. Dearden, L. van der Erve, and B. Waltman(2020), "The impact of undergraduate degrees on lifetime earnings," Institute for Fiscal Studies, Department for Education, UK.

29　Table E. Average net lifetime returns with different discount rates 중 영란은행 기준금리를 이용하여 현가를 계산한 경우를 인용. Britton, J.,

L. Dearden, L. van der Erve, and B. Waltman(2020), "The impact of undergraduate degrees on lifetime earnings," Institute for Fiscal Studies, Department for Education, UK.

30 통계청, 교육 정도별 경제활동인구

31 교육부, 2021년 고등교육기관 졸업자 취업통계 조사 결과 발표(2022.12.26)

32 Deming, D.(2017), "The Value of Soft Skills in the Labor Market," NBER Report No 4. https://www.nber.org/reporter/2017number4/value-soft-skills-labor-market

33 Heckman, J. J. Stixrud, and S. Urzua(2006), "The Effects of Cognitive and Noncognitive Abilities on Labor Market Outcomes and Social Behavior," Journal of Labor Economics, 24(3), pp. 411-482.

34 Gensowski, M.(2018), "Personality, IQ, and lifetime earnings," Labour Economics, 51, pp. 170-183.

35 Rathvon, N.(1996), "The Unmotivated Child: Helping Your Underachiever Become a Successful Studen," Touchstone; Original ed. edition.

36 Gentzkow, M., and J. M. Shapiro(2019), "Preschool television viewing and adolescenttest scores: Historical evidence from the Coleman study," The Quarterly Journal of Economics, 123(1), pp. 279-323.

37 Kearney M. S., and P. B. Levine(2019), "Early Childhood Education by Television: Lessons from Sesame Street," American Economic Journal: Applied Economics, 11(1), pp. 318-350.

38 톰 슈미트, 미하엘 에서, 전대호 역,《내 지위는 내가 결정합니다: 우아하게 관계를 뒤집는 지위놀이의 기술》, 판라이트, 2022.

39 Sacerdote, B.(2011), "Peer Effects in Education: How Might They Work, How Big Are They and How Much Do We Know Thus Far?," Chapter 4, Handbook of the Economics of Education Volume 3, pp. 249-277.

40 Hellersteina J. K., M. J. Kutzbach, and Neumark(2019), "Labor market networks and recovery from mass layoffs: Evidence from the Great Recession period," Journal of Urban Economics, 113, 103192.

41 Forbes "Fear Shrinks Your Brain and Makes You Less Creative"(2018. 4. 18.)

42 〈중앙일보〉 '3만 원 어린이집 안 되고, 100민 원 유치원 된다는 징부'(2018. 1. 8)

43 위와 같은 기사.

44 2018년 서울특별시 복지실태조사.

45 BBC "What is the best age to learn a language?"(2018. 10. 26) https://www.bbc.com/future/article/20181024-the-best-age-to-learn-a-foreign-language

46 위와 같은 기사.

47 David Epstein, "How Falling Behind Can Get You Ahead", TEDxManchester. https://www.youtube.com/watch?v=BQ2_BwqcFsc

48 〈파이낸셜뉴스〉 '기업들 요즘 세대 국어능력 낮아 토로'(2023. 1. 4.)

49 Financial Times, "Poor numeracy and statistical understanding limit what jobs people can take, constraining social mobility and creating skill shortages" (2023. 1. 10.). https://www.ft.com/content/61fcbde5-b1b6-4dde-b75b-5eff7b5c7a2a?fbclid=IwAR3M-OjICVuhpDJeU91gE_euW-XWuMm1LIspFU1QLL-vpIle5t2gLStMQ-k

50 Kam, J., and S. Lee(2018), "College Major and Female Labor Supply," Chapter 6 in "Strategic, Policy and Social Innovation for a Post-Industrial Korea," edited by Joon Nak Choi, Yong Suk Lee, and Gi-Wook Shin, Routledge.

51 〈한겨레〉 '대졸 신입사원 평균연령 30대… 외환위기 때보다 6살 늘었다'(2020. 4. 22)

52 〈연합뉴스〉 '근로자 퇴직 연령 평균 49.3세… 비자발적 조기퇴직 늘어'(2022. 3. 8)

미국 대학 전공별 취업 상황 통계

랭킹	학부전공	(1) 실업률	(2) 과소 고용	(3) 초임중위 임금	(4) 경력직 중위임금	(5) 대학원 학위 비율
	(단위)	퍼센트	퍼센트	미국 달러	미국 달러	퍼센트
	전체학과	5.1	39.8	50,000	75,000	38.7
1	화학공학	4.1	19.6	75,000	120,000	47.4
2	컴퓨터공학	3.7	17.8	74,000	114,000	40.0
3	컴퓨터과학	4.8	19.1	73,000	105,000	31.8
4	항공우주공학	6.6	27.7	72,000	112,000	49.4
5	전기전자공학	3.2	15.4	70,000	109,000	47.7
6	산업공학	4.6	18.3	70,000	100,000	36.9
7	기계공학	5.3	15.8	70,000	105,000	39.2
8	기타공학	3.4	22.9	68,000	100,000	45.8
9	경영분석학	2.2	24.8	66,000	99,000	24.7
10	토목공학	3.4	15.1	65,000	100,000	38.6
11	공학기술학	7.1	39.6	62,000	90,000	24.3
12	건축설비공학	1.4	17.7	60,000	100,000	9.9
13	금융학	4.1	28.7	60,000	100,000	30.6
14	경제학	5.5	35.3	60,000	100,000	42.6
15	일반공학	5.9	25.3	60,000	100,000	37.0
16	수학	5.8	30.7	59,000	88,000	52.4
17	간호학	1.3	10.1	55,000	75,000	29.3
18	약학	4.8	14.7	55,000	100,000	65.1
19	회계학	3.3	22.6	54,000	80,000	31.1
20	경영정보학	6.4	24.7	54,000	90,000	25.6
21	물리학	6.1	34.9	53,000	80,000	69.8
22	기타 물리과학	5.5	23.2	52,000	104,000	57.1
23	의료기술학	5.8	59.5	51,000	71,000	24.6
24	건축학	2.1	29.1	50,000	85,000	38.7
25	광고홍보학	4.6	39.2	50,000	80,000	19.0
26	일반경영학	5.3	52.4	50,000	80,000	25.2
27	역사학	5.8	49.1	50,000	70,000	50.2
28	마케팅학	6.6	52.0	50,000	85,000	18.6
29	정치학	6.9	49.2	50,000	80,000	53.6
30	국제학	7.1	49.3	50,000	86,000	45.6
31	지리학	4.4	44.5	48,000	75,000	32.6
32	예술사학	5.3	48.8	48,000	64,000	41.8
33	치료(물리, 작업 등)	5.7	41.3	48,000	69,000	50.7
34	기타기술학	5.9	48.4	48,000	80,000	18.5
35	화학	3.4	39.5	47,000	85,000	65.4

36	커뮤니케이션학	5.8	52.7	47,000	75,000	24.2
37	경영관리학	5.0	55.1	46,000	75,000	24.6
38	영양학	1.8	45.0	45,000	60,000	46.3
39	농업학	2.4	52.1	45,000	70,000	21.0
40	민족연구학	4.4	53.7	45,000	66,000	49.7
41	생화학	4.7	37.4	45,000	85,000	70.3
42	환경학	5.1	50.2	45,000	68,000	32.5
43	저널리즘학	6.5	47.7	45,000	75,000	27.0
44	공공정책, 법학	7.4	49.4	45,000	70,000	46.1
45	교정, 선도학	4.5	71.3	43,900	70,000	24.1
46	일반사회과학	5.4	50.6	43,000	65,000	38.5
47	외국어	7.8	50.1	43,000	65,000	50.5
48	상업예술 및 그래픽디자인	7.9	33.5	43,000	70,000	11.8
49	동식물학	4.4	52.5	42,000	67,000	34.7
50	기타 생물과학	6.3	48.6	42,000	70,000	60.9
51	철학	9.1	57.1	42,000	68,000	56.5
52	융합학	4.8	46.3	41,800	70,000	37.7
53	중등 교육학	2.6	27.0	40,400	52,000	51.2
54	일반교육학	1.8	22.9	40,200	51,000	50.1
55	기타 교육학	0.6	16.7	40,000	56,000	56.6
56	초등교육학	1.8	15.2	40,000	48,000	49.0
57	특수교육학	2.7	17.7	40,000	52,000	60.7
58	유아교육학	3.1	24.5	40,000	43,000	40.8
59	지구과학	3.6	38.8	40,000	70,000	43.8
60	생물학	4.7	46.8	40,000	75,000	62.9
61	건강서비스학	5.2	45.6	40,000	60,000	51.8
62	인문학	6.2	55.2	40,000	63,000	30.0
63	영문학	6.3	48.7	40,000	65,000	47.5
64	인류학	6.5	53.3	40,000	65,000	46.3
65	신문방송학	8.4	51.7	40,000	75,000	21.2
66	사회학	9.0	51.3	40,000	61,000	38.3
67	순수미술	12.1	55.4	40,000	65,000	23.2
68	행위예술	7.6	64.0	39,000	62,000	38.5
69	호텔관광학	5.3	58.6	38,000	60,000	34.1
70	심리학	4.7	47.6	37,400	65,000	51.0
71	사회복지학	3.0	27.7	37,000	52,000	52.4
72	가정소비자학	8.9	47.9	37,000	60,000	32.9
73	신학	3.6	35.5	36,000	52,000	44.9

대한민국의
학부모님께